大家小书

旧史新谈

吴晗 著
习之 编

北京出版集团
北京出版社

图书在版编目（CIP）数据

旧史新谈 / 吴晗著 ; 习之编. — 北京 : 北京出版社，2021. 8

（大家小书）

ISBN 978-7-200-14734-6

Ⅰ. ①旧… Ⅱ. ①吴… ②习… Ⅲ. ①中国历史—文集 Ⅳ. ① K207-53

中国版本图书馆 CIP 数据核字（2019）第 031273 号

总 策 划：安 东　高立志　　责任编辑：王铁英　罗晓荷
责任印制：陈冬梅　　责任校对：韩 莹
装帧设计：金 山

·大家小书·
旧史新谈
JIU SHI XIN TAN
吴晗 著　习之 编

出 版　北京出版集团
　　　　北京出版社
地 址　北京北三环中路 6 号
邮 编　100120
网 址　www.bph.com.cn
总 发 行　北京出版集团公司
印 刷　北京华联印刷有限公司
经 销　新华书店
开 本　880 毫米 ×1230 毫米　1/32
印 张　8.125
字 数　140 千字
版 次　2021 年 8 月第 1 版
印 次　2023 年 11月第 2 次印刷
书 号　ISBN 978-7-200-14734-6
定 价　42.00 元

总　序

袁行霈

“大家小书”，是一个很俏皮的名称。此所谓“大家”，包括两方面的含义：一、书的作者是大家；二、书是写给大家看的，是大家的读物。所谓“小书”者，只是就其篇幅而言，篇幅显得小一些罢了。若论学术性则不但不轻，有些倒是相当重。其实，篇幅大小也是相对的，一部书十万字，在今天的印刷条件下，似乎算小书，若在老子、孔子的时代，又何尝就小呢？

编辑这套丛书，有一个用意就是节省读者的时间，让读者在较短的时间内获得较多的知识。在信息爆炸的时代，人们要学的东西太多了。补习，遂成为经常的需要。如果不善于补习，东抓一把，西抓一把，今天补这，明天补那，效果未必很好。如果把读书当成吃补药，还会失去读书时应有的那份从容和快乐。这套丛书每本的篇幅都小，读者即使细细地阅读慢慢地体味，也花不了多少时间，可以充分享受读书的乐趣。如果把它们当成补药来吃也行，剂量小，吃起来方便，消化起来也容易。

我们还有一个用意，就是想做一点文化积累的工作。把那些经过时间考验的、读者认同的著作，搜集到一起印刷出版，使之不至于泯没。有些书曾经畅销一时，但现在已经不容易得到；有些书当时或许没有引起很多人注意，但时间证明它们价值不菲。这两类书都需要挖掘出来，让它们重现光芒。科技类的图书偏重实用，一过时就不会有太多读者了，除了研究科技史的人还要用到之外。人文科学则不然，有许多书是常读常新的。然而，这套丛书也不都是旧书的重版，我们也想请一些著名的学者新写一些学术性和普及性兼备的小书，以满足读者日益增长的需求。

“大家小书”的开本不大，读者可以揣进衣兜里，随时随地掏出来读上几页。在路边等人的时候，在排队买戏票的时候，在车上、在公园里，都可以读。这样的读者多了，会为社会增添一些文化的色彩和学习的气氛，岂不是一件好事吗？

“大家小书”出版在即，出版社同志命我撰序说明原委。既然这套丛书标示书之小，序言当然也应以短小为宜。该说的都说了，就此搁笔吧。

《旧史新谈》之摭谈

习 之

1945年11月，吴晗的第一本作品集《历史的镜子》由东方学出版社出版。在这本作品集最后，吴晗以“附录”的形式，收入了他撰写的十二篇系列史学小品——“旧史新谈”。这是我国读者第一次在吴晗结集出版的作品集中看到“旧史新谈”。

其实，这十二篇“旧史新谈”，最早是1944年12月6日、12月13日和1945年1月3日分三次在昆明《评论报》上发表的。但每篇的文末，除标注了引用典籍的出处以外，既没有标注初次发表的时间，也没有标注初次发表的媒体，多少有些扑朔迷离，好似覆盖着一层神秘的面纱。

直到1946年12月23日，这层神秘的面纱才被吴晗的“粉丝”——黄裳无意间揭开了。

这个黄裳，与吴晗是最要好的文缘朋友之一。

抗战胜利以后，黄裳结束了他战时担任美军译员的生涯，转任上海《文汇报》驻重庆和驻南京特派员。1946年，他调回《文汇报》上海编辑部担任副刊编辑。在组稿的工作中，他想起两年前看到过吴晗在昆明《评论报》上陆续发表的系列史学小品“旧史新谈”，认为这些文章文风与鲁迅相似，而又独富新义，便开始与吴晗信函联系，希望吴晗能继续按照“旧史新谈”的文风为他主编的《文汇报》“文化体育教育”副刊赐稿。

这时，昆明以西南联大为基地的“民主堡垒”已经转移到了北平，吴晗是这个堡垒的核心人物，还要肩负清华大学的教学任务，工作十分繁忙。但对于黄裳的约稿，吴晗不但没有推辞，反而积极投入。在1946年年末的最后一个星期内，又以“旧史新谈”为总标题，在上海《文汇报》的“文化体育教育”副刊连续发表了十一篇史学小品。

在“旧史新谈”的首篇《回纥助唐记　上》文前，黄裳特意写了一篇编者按。编者按说：

在两年多以前，吴辰伯先生为昆明的《评论报》已写过不少篇“旧史新谈”，为读者所爱读。吴先生研究元明史，极有成就，过去在《清华学报》《燕京学报》上发表的许多论文和另一册《从僧钵到皇权》（明太祖）为中国历史学界前所未有的作品。风格与鲁迅先生的《魏晋风度及文章与药及酒之关系》类似，而又独富新义。读“旧史新谈”各照一面“历史的镜子”（借用吴先生另一书名），当使人有“故鬼重来”之痛。

我们希望青年朋友们能从这些篇什中得到一点益处，学习怎样读历史，因之对看现在的新文化……诸般世相眼睛格外明亮，眼障突然落下来。

这段编者按，揭晓了“旧史新谈”的出处和最初发表的时间。然而，这也只是神秘面纱的一角。原来，吴晗在昆明撰写并发表在《评论报》上的“旧史新谈”远远不止这十二篇，而是二十六篇！发表的时间跨度是从1944年12月6日到1945年3月31日。

算上在上海《文汇报》发表的十一篇，吴晗一共发表了三十七篇“旧史新谈”［《回纥助唐记》原分为上、下，《明代农民生活》原分为（一）（二），《贪污史例》计三篇］。这其中，昆明《评论报》上发表的二十六篇中有十四篇尚未结集出版，上海《文汇报》上发表的十一篇中有九篇也没有结集出版。个中原因，吴晗未表一字，编者也不好妄加揣度。

就让我们以下表一览“旧史新谈”的详情吧：

序次	发表时间	发表媒体及期数	文章原编序	题目	出版地
1	1944.12.6	昆明《评论报》第十六期	一	糊涂和卑鄙	昆明
2			二	桓灵和晋武帝	
3			三	拍卖行	
4			四	墨敕斜封	
5	1944.12.13	昆明《评论报》第十七期	五	官商合一	
6			六	报功文书	
7			七	空谈和实践	
8			八	冗兵冗吏	
9			九	书帕	
10	1945.1.3	昆明《评论报》第二十期	十	贪污史例之一	
11			十一	贪污史例之二	
12			十二	贪污史例之三	
13	1945.1.10	昆明《评论报》第二十一期	十三	改善士兵生活	
14	1945.1.23	昆明《评论报》第二十三期	十四	统治者与小兵	
15			十五	刘昉卖酒	
16			十六	白著、白望	
17	1945.2.3	昆明《评论报》第二十四期	十七	理学家	
18			十八	明季缙绅	
19			十九	焦芳	
20			二十	除五蠹	

续表

序次	发表时间	发表媒体及期数	文章原编序	题目	出版地
21		昆明《评论报》第二十四期	二十一	游民痞棍	昆明
22			二十二	地主靠损小民	
23			二十三	明代宫廷生活	
24	1945.2.10	昆明《评论报》第二十五期	二十四	民变史料拾零	
25	1945.3.24	昆明《评论报》第三十期	二十五	明代农民生活（一）	
26	1945.3.31	昆明《评论报》第三十一期	二十六	明代农民生活（二）	
27	1946.12.23	上海《文汇报》“文化体育教育”副刊	一	回纥助唐记　上	上海
28	1946.12.24		一	回纥助唐记　下	
29	1946.12.26		二	胡汉互名	
30	1946.12.27		三	蕃商治罪法	
31	1946.12.29		四	羊羔息	
32	1946.12.30		五	赕	
33			六	生祠	
34	1946.12.31		七	四尽	
35			八	蒙古根脚	
36			九	黑名单	
37			十	义子干孙	

回过头来再看这些小品文，虽难免影射之嫌，但吴晗学术功底的深厚和古为今用的本领，可见一斑。文章篇篇短小精悍、言简意赅，从经典中来，看起来似读书随笔，顺手摘抄，却意旨明确，弹无虚发，或启发民智，或针砭时弊，辛辣犀利。如《理学家》这篇，借艾南英之笔暗讽当时“平日里都是正襟危坐，满口正心诚意的一批社会领袖”。又如《胡汉互名》：“于此，我也明白了，今天我们所知道的新闻人物中，为什么大都有一个外国名字的道理。这道理是北魏、元、清的时代继承。更明白外国公司改为中国名字，中国商人开外国公司，这一串糊涂账的内幕。”读之失笑，回味无穷。

吴晗生前结集出版了《历史的镜子》《史事与人物》等七部作品集。在他逝世后的四十多年中，不少学者或出版社曾分别选编并出版了选集、文选、文集、全集之类的作品集，但仍有遗珍散落在外[①]。这些集外作品，需要从不同时期的报纸、期刊甚至内部会议的记录中摘取，它们就像是角落里蒙尘的珍宝，思想的光辉从未湮灭。“旧史新谈”诸文如是，这本小书中并收的“梧轩杂记”及《论历史人物》等文亦如是。

时值北京出版社筹划在“大家小书”系列丛书中增加出

① 见吴晗著、习之编：《吴晗遗集》，北京出版社即将出版。

版《旧史新谈》之际，草就这篇小文，旨在领略史界前辈吴晗的文思精髓的同时，还可茶余饭后聊聊文章背后的些许逸闻，可能也是一桩余味无穷的趣事吧！

目 录

辑一 旧史新谈

辑二　史话

辑三　读史散记

辑四　梧轩杂记

辑五　章奏题本及其他

辑一

舊史新譚

本辑三十五篇史学小品，是吴晗自1944年至1946年间在昆明《评论报》及上海《文汇报》以“旧史新谈”为总标题发表的，具体发表时间详见本书导读《〈旧史新谈〉之摭谈》。

糊涂和卑鄙

这个有趣的谈话，谈的人是子思和卫侯，地点在卫国的都城，时间是纪元前377年。

有一天，卫侯出了一个不合式的主意，话犹未了，左右群臣齐声称颂，说了一大堆恭维话。

子思说："看样子，卫国真合着老话：'做主子的不像主子，做臣下的不像臣下！'满不是那回事！"

有人听了就反驳："你说得太过火了！"

子思说："你不明白这个道理，大凡一个做主子的自以为了不得，人家就不敢替他出好主意。即使做对了，自吹自擂一阵，也要不得，何况做错了，还受人乱恭维！看不清事情的是非，一味喜欢恭维附和是糊涂，认不明道理的所在，只是阿谀巴结是卑鄙。在上的糊涂，在下的卑鄙，这样的政府是不会得民心的，长此不改，必然亡国。"

子思想了又想，忍不住，直对卫侯说：“你的国家有危险了！”卫侯问：“为什么？”

子思老实不客气，说出一番话：“道理很明白，你说出话自以为是，群臣左右没有人敢说错，文武大臣也自以为是，老百姓没人敢说错，你们都自以为是不错，底下人又恭维你们不错，说好捧场，顺而有福，喝倒彩，逆而有祸，如此这般，怎样能做出好事？做不出好事的政府，怎么不危险！”卫侯听了大不高兴。过了几天，子思只好凄凄惶惶，卷起铺盖，离开了卫国。

《资治通鉴》卷一

桓灵和晋武帝

282年正月,晋武帝亲自举行了祭天大典，好不容易把一切礼节都合合式式表演完了，满腔得意，叹一口气，问在左右的大官司隶校尉刘毅说：“我可以比汉朝的哪个皇帝？”刘毅答：“桓帝和灵帝。”晋武帝脸都白了：“何至于此？”刘毅答：“桓灵二帝卖官钱入官库，你的呢？填私房。这样比来，你还不如呢。”

晋武帝碰了钉了，只好大笑：“桓灵的时候，听不到这话。我有你这样的直臣，还比他二位强一点。”

《资治通鉴》卷八一

拍卖行

6世纪初年，北魏有两个大官，一个是侍中卢昶，一个是侍中领左卫将军元晖，都得北魏主的宠任，都贪污放纵，人民给这两个人起外号，卢昶叫饥鹰侍中，元晖叫饿虎将军。饿虎将军后来升了官，做吏部尚书，定下市价，大地方郡守绢二千匹，中下等依次对折，其余的官也各有定价，人民又给这机关一个外号拍卖行。

《资治通鉴》卷一四六

墨敕斜封

李唐的制度，人主的命令必须经中书省的审议，门下省的副署，然后交由尚书省执行，“不经凤阁鸾台，何名为敕？”敕令用黄纸书写，经过一定的法律程序，才发生效力。反之，只是用人主的名义发令写敕，直接交当事机关执行的，叫作墨敕斜封，虽然生效，舆论都抗议以为违法，由斜封得官的人称为斜封官，虽然得势，却无人重，不得与于士大夫之列。

《唐会要》卷六七：“景龙二年（708），长宁、宜城、定安、新都、金城等公主及皇后陆氏妹郕国夫人、冯氏妹崇国夫人，并昭容上官氏，与其母沛国夫人郑氏、尚宫柴氏、贺娄氏女夫弟五英儿、陇西夫人赵氏，咸树朋党，降墨敕斜封以授官。”

《旧唐书》卷五一《韦庶人传》：“时上官昭容与其母郑氏及尚宫柴氏、贺娄氏，树用亲党，广纳货赂，别降墨敕斜封授官，或出臧获屠贩之类，累居荣秩。”

《新唐书》卷八三《安乐公主传》：“［安乐］与太平等七公主皆开府，而主府官属尤滥，皆出屠贩，纳訾售官，降墨敕斜封授之，故号斜封官。”

不到五年工夫，开元皇帝即位，刷新政治，这些斜封官依旧回去做酒店掌柜、屠肆掌刀，只是死后的铭旌上落得多添一道官衔，历史上留下一点污渍。

官商合一

纪元前140年，大儒董仲舒提出一个严重的社会问题，给政府以警告，他指出一般官僚和贵族，平时盘踞政府高位，钱够多了，生活够舒适了，却凭借他们的势位，做买卖，做生意，和小民争利，小民怎能相比，成天成年被剥削，刮得精穷。一边荒淫无耻，一边呢，穷急愁苦。小百姓反正活着无趣，又怎能不闹事！刑罚因之日多，危机也因之日重了。

由此看来，官商合一，由来久矣！

《资治通鉴》卷一七

报功文书

建安十七年（212），一个中级军官向他的统帅曹操上报功文书，照规矩纸上的数目应该比实数增加十倍，以一报十，为的是夸大武功，吓住老百姓。这军官居然反常，只照实数报告，惹得曹操惊异大大夸奖了一顿。

这是一个秘密，一个尺度，历史上所有记载战功的数字，都可以用这个尺度去衡量。

《资治通鉴》卷六六

空谈和实践

靖康之变（1127），金人长驱深入，开封的大臣们，正在雍容商讨，有的主张抗战，有的主张讲和，有的主张迁都，意见纷纷，莫衷一是。大家抢着说话，谁也不能做事，弄得战的准备没有，和的准备没有，连逃的准备也没有，却又一面在敷衍作战，一面在遮遮掩掩地讲和。议论未定，金人已经渡河，开封已经被包围了。

宋人张端义《贵耳集》里有一段很沉痛的话："古今治天下多有所尚，唐虞尚德，夏尚功，商尚老，周尚亲，秦尚刑名，西汉尚材谋，东汉尚节义，魏尚辞章，晋尚清谈，周隋尚族望，唐尚制度文华，本朝尚法令议论！"

光从文字上形式上讲究，满意于纸面的空谈，靖康之变是最现实的一例。

冗兵冗吏

北宋这一个时代，就内政说，算是比较像样子的，有见识的政治家都能有充分的言论自由批评政府，指摘的题目之一是冗兵冗吏。

至道三年（997），有一个在政治上失势，被赶到外郡去的地方官，知扬州王禹偁写信给皇帝，指出冗兵冗吏的弊端说："过去三十年间的一切，就我所亲见的说，国初疆域，东未得江浙福建，南未得两湖两广，国家财赋收入不多，可是北伐山西，御契丹，财政不困难，兵威也强。道理在哪里？明白得很，第一，常备兵精而不多；第二，所用的大将专而不疑。其后，尽取东南诸国，山西也收复了，土地增加，收入增加，可是财政反而困难，兵威反而不振，道理在哪里？也明白得很，第一，常备兵多而不精；第二，所用的大将也多而不专。如今的办法，要国富兵强，只有学以前的办法，采用精兵主义，委任好将官，用全国的财力，培养数目不大的精兵，国富兵强自然不成问题。”

接着他举出冗官的实例，他说：“我是山东济州人，记得未中进士时，地方只有刺史一人，司户一人，十年以来，政府不曾添过人，地方上也没有什么事办不了。以后又添了一个团练推官。到我中进士回乡时，除了刺史，又有通判，有副使，有判官，有监库，有司理，管卖酒收税的又有四个官，衙门天天增加，官的数目自然也多，可是算算地方收入，比过去反而减少，逃亡的人民呢，反而比过去增多。一州如此，全国可知，冗吏在上消耗，冗兵在下消耗，两头吃国家，国家如何能不穷！”

五十年后，户部副使包拯也告诉皇帝说：“五十年前文武官的总数九千七百八十五员，现在是一万七千三百余员，这数目不包括未管差遣京官使臣和候补官在内。比五十年前增加了一倍。全国州郡三百二十，县一千二百五十，平均算来，照定额不过五六千个官就够办事，如今的数目恰好多了三倍。而且三年一开贡举，每次考取二千多人，再加上中央机关的小吏，加上大官的儿孙荫序，再加上出钱买官的，总共算来，逐年增加的新官又不止三倍！做官的一天天增多，种田的一天天减少，国家如何能不穷，民力如何能不竭！”

在承平时代，有如此公开的指摘，过了九百年，到了我们的时代，有史以来国难最严重的时代，我们读了这两个文件，有点惘然！

《续资治通鉴长编》卷四二、一六七

书帕

明代后期贿赂之风盛行，官官相送，讲究用新刻书，面子上送书，底子里送黄的金子、白的银子，落得好看。一时东也刻书，西也刻书，赶刻得快，便顾不得校对，错字脱简，一塌糊涂。大凡那时地方官府所刻书，序文上写着“捐俸绣梓，用广厥传”的，例如弘治时温州知府黄淮重刻陈埴《木钟集》，和州知州黄桓所刻都穆《南濠诗话》一类杂书，都是为着送大官的人情的点缀品。

明代后期书刻得不好，这是一个原因，我们现在还有许多明版书可读，这也是一个原因。

蒋超伯《南漘楛语》

贪污史例之一

元朝末年，官贪吏污，因为蒙古色目人浑浑噩噩，根本不懂“廉耻”是什么意思。这一阶级向人讨钱都有名目，到任下属参见要“拜见钱”，无事白要叫“撒花钱”，逢节有“追节钱”，做生日要“生日钱”，管事而要叫“常例钱”，送往迎来有“人情钱”，差役提人要“赍发钱”，上衙门打官司要“公事钱”。做官的赚得钱多叫“得手”，钻得一腐肥缺叫“好地”，补得要缺叫“好窠”。至于忠于国家，忠于人民，则一概“晓勿得！”

刘继庄说：“这情形，明朝初年我知道的不清楚，至于明末，我所耳闻目见的，又有哪一个官不如此！”

刘献廷《广阳杂记》卷三

贪污史例之二

明代中期，离现在四百多年前，一个退休的显官何良俊，住在南京，告诉我们一个故事：

南京也照北京的样子，设有六部五府等机关，原来各有职掌，和百姓并不相干。这些官家里需用的货色，随时由家奴到铺子买用，名为和买。我初住南京的头几年，还是如此，不过五六年光景，情形渐渐不妙，各衙门里并无事权的闲官，也用官府的印票，叫些铺户叫苦连天。至于有权有势的御史，气焰熏天，更是可怕。例如某御史叫买一斤糖食，照价和买只要五六分银子，承买的皂隶却乘机敲诈了五六两银子，他在票面上写明本官应用，要铺户到本衙交纳，第一个来交纳的，故意嫌其不好，押下打了十板，再照顾第二家，第二家一算，反正来差要钱，门上大爷又要钱，书办老爷还是要钱，稍有不到，还得挨十下板子，不如干脆拼上两三钱银子，消灾免祸，他也心满意足，发了一笔小财，够一年半载花销了。

南京某家买到一段作正梁的木料叫柏桐，很是名贵，巡城御史正想制一个书桌，听说有好材料，动了心，派人去要，这家舍不得，连夜竖了柱，把梁安上，以为没有事了。不料巡城御史更强，一得消息，立刻派皂隶夫役，一句话不说，推翻柱子，抬起大梁，扬长而去。

何良俊《四友斋丛说》

贪污史例之三

明末的理学家刘宗周先生指出这时代的吏治情形说：

如今吏治贪污，例如催钱粮要火耗（零星交纳的几分几钱银子，熔铸成锭才解京，熔铸的亏蚀叫火耗，地方不肯担负这损失，照例由纳粮的人民吃亏，额外多交一两成，积少成多，地方官就用这款子来肥家）、打官司要罚款，都算本分的常例，不算外水了。新办法是政府行一政策，这政策就成敲诈的借口；地方出一新事，这一新事又成剥削的机会，大体上是官得一成，办事的胥吏得九成，人民出十成，政府实得一成，政府愈穷，人民愈苦，官吏愈富，以此人民恨官吏如强寇，如仇敌，突然有变，能献城就献城，能造反便造反，当机立断，毫不踌躇。

举县官作例吧，上官有知府，有巡道，有布政使，有巡抚，有巡按，还有过客，有乡绅，更有京中的权要，一层层须得应付、敷衍，面面都到。此外钻肥缺，钻升官，更得格外使钱，当然也得养家，也得置产业，他们不吃人民吃什么？又如巡按御史吧，饶是正直自好的，你还未到任，地方大小官员早已凑好一份足够你吃几代的财宝，安安稳稳替你送到家里了。多一官百姓多受一番罪，多派一次巡按，百姓又多受一番敲诈，层层剥削，人民怎能不造反？怎能不拼命？

刘宗周《刘子文编》卷四《敬修职掌疏》

改善士兵生活

15世纪的中国，士兵被剥削虐待的情形，兵部右侍郎王骥给了一个具体的说明：

> 中外都司卫所官惟知肥己，征差则卖富差贫，征办则以一科十，或占纳月钱，或私役买卖，或以科需扣其月粮，或指操备减其布絮，衣食既窘，遂致逃亡。

随后，刘大夏也指出军伍的弊端：

> 在卫官军苦于出钱，其事不止一端，如包办秋青草价，给与勇士养马，比较逃亡军匠，责令包工雇役或帮贴锦衣卫夷人马匹，或加贴司苑局种菜军人，内外官员造坟，皆用夫价，接应公差车辆，俱费租钱，其他使用，尚不止此。

又管营内外官员，率于军伴额数之外，摘拨在营操军役使，上下相袭，视为当然。又江南军士漕运，有修船盘削之费，有监收斛面之加，其他掊克难以枚举。以致逃亡日多，则拨及全户，使富者日贫，而贫者终至于绝。江南官军每遇京操，虽给行粮，而往返之费，皆自营办。况至京，即拨做工，雇车运料，而杂拨纳办，有难以尽言者。

先后两个对国家军队指出弊端的，都是中央政府军政部的最高长官，负责检讨的结果，是士兵太苦，军官太坏，问题不在军队本身，而在于政治的腐败。

军士生活太苦，得不到“人”的待遇，只好逃亡。《明史·兵志》记从吴元年（1367）到洪武二年（1369）十一月，三年中军士逃亡的是四万七千九百多人，到正统三年（1438），离开国才七十年，这数目一跳跳到了一百二十多万，占全国军队总数的二分之一弱。据同年巡按山东监察御史李纯的报告，他所视察的某一百户所，规定军数是一百十二人，可是事实上逃得只剩一个人。

逃亡不了的军士呢？没有训练，没有组织，更谈不上教育。有的替私家打工，有的做生意，有的做手艺，打伙儿替军官赚钱，完全丧失了战斗力，后来刘定之上条疏说：“全国的人民，男出粮食、女出布絮来养兵，兵在仓领米，在库领布来保卫国家，可是事实上，兵从国家领到了米和布，却用不着上操，更用不上执班放哨，只是贩运货物做买卖，做一些小手艺，除孝敬军官之外，留下一点养活自己，人民的血汗，军士的气力，都化成金子银子，走进军官的荷包里去了。这样的军队，一旦有事，如何能打仗，如何能不打败仗。”

如是有人提议改善士兵生活了，张鹏被派到大同、宣府当巡按御史，眼见两镇军士穿得太破，吃得太坏，病无医死无棺，他建议由政府预备医药、供给棺材，政府居然赞成，并且通令全国照办，病和医算是有办法了。

此外，照规矩有妻的军人作为有家，月给米一石，无妻的即使有父母兄弟也还是未成家，只给六斗，吃不够活该。可是根本的政治问题呢？无人提起，军官照样贪污，照样剥削，扣军粮，扣服装，令军士给他种田，做买卖，开铺子，走私，做工艺。

明代的卫军百分之五十以上逃亡，其余的腐化僵化，军官发够了财，军士吃够了苦，倭寇一起，列城望风崩溃，军不但不能守土，不但不能卫民，甚至连自卫也谈不上，这就是明代中期倭寇所以猖狂的主因，也就是大明帝国之所以衰弱的主因。

正规军不能用，不可用，政府只好另想办法——建军。打除倭寇、扫除倭寇、歼灭倭寇是戚继光俞大猷的新军，新军的分子和旧军并无不同，所不同的只是军士吃得饱，穿得好，有组织，有训练，有民族意识，再加上军官不贪污，能够维持严格的军纪，如此而已。

《明宣宗实录》卷一〇八，《刘忠宣公集》卷一，《明英宗实录》卷四七，《明史》卷一七六、一六〇、一七七

统治者与小兵

明太祖出身军伍，做了皇帝以后，头脑还清楚，倒也明白，一般军官吃空饷剥削小兵的情形，在他的著作叫《大诰武臣》的“科敛害军第九”一节中，老老实实地指出这个问题，他说：“那小军每一月只关得一担儿仓米，若是丈夫每不在家，他妇人家自去关呵，除了几升做脚钱，那害人的仓官又斛面上打减了几升，待到家里䞍（音伐）过来呵，止有七八斗儿米，他全家儿大大小小要米吃，要衣裳穿，他哪里再得闲钱与人！”

14世纪中后期的小兵，一个月得一担米，若是有克扣，净得还有七八斗，而且，皇帝也明白，小兵苦够了，再也不得有关钱给军官科敛，圣明！圣明！

刘昉卖酒

刘昉是隋文帝的开国元勋，在朝廷上的地位是既富且贵，满可以做一点“人”应该做的事。可是他永远不能满足，永远在弄钱，富商大贾，朝夕盈门。有一年京师闹饥荒，下令禁酒，刘昉贪图小便宜，居然叫姨太太赁一间铺面，当垆卖酒，这一件事动了士大夫阶级的公愤，治书侍御史梁毗当庭劾奏说：“昉既位列群公……何乃规曲糵之润，竞锥刀之末，身昵酒徒，家为逋薮，若不纠绳，何以肃厉！”

刘昉从此倒了霉，朝纲也算肃饬了。

《隋书》卷三八《刘昉传》

白著、白望

白著，白望，是两个唐朝的俗语，包含着人类史上最黑暗的一幕。

元陈世隆《北轩笔记》说：“受的人不该受，给的人白糟蹋，叫白著。8世纪后期，‘元戎’当国，当时东南吴越一带，困于□[1]求，租调极欠，政府采取紧急处置，不管上户下户，只要藏有粟米布帛的，便派军卒包围一样样点消，拿走一半，有的甚至拿走十之八九，老百姓管这办法叫白著。意思是光天化日，明明白白，拿着就走。”

《新唐书》卷一五八《张建封传》、卷二二四《李锜传》都提到唐德宗时的白望，又称宫市。这是8世纪末年的事。

宫廷的宦官出了新花样，叫宫市。派几十百个流氓地痞大

① 原件此处模糊不清，难以辨认，用“□”表示，后同。——编者注

街小巷到处张望，叫白望。这班人一无证件，二无制服，只说是替皇帝买物事，任谁也不敢惹，取十给一，拿着就走，老百姓卖货进城，往往空手回去。宦官们又找出一些破烂绢布，染成红紫，用比市价高一半的价格，一尺几尺硬作价拿来买货物。闹得闭城罢市，怨声载道。有一次，一个乡下人赶驴驮一捆柴，柴被买走了，只给几尺烂布，驴子也赶进宫了。乡下人告跪，柴价不要，烂布奉还，只求发还驴子，还是不肯，急得无法，打了宦官。事情闹大，谏官出来说话，皇帝也过意不去，只好开除了这宦官，赏乡下人十四帛。可是宫市依旧，白望还是依旧。

理学家

明末艾南英《天傭子集》卷六《复陈怡云公祖书》，描写当时的理学家说："敝乡理学之盛，无过吉安，嘉靖隆庆以前，大概都能说到做到，真能实践。今年以来，自爱的固然很多，对不起前辈的也有的是，田土之讼，子女之争，甚至告讦私人把持地方的事，天天都有，我看这些人，平日里都是正襟危坐，满口正心诚意的一批社会领袖！"

其实，二百年后也何尝绝了种，只要留心当前的一些宣言文告和运动之类，就可以恍然。

明季缙绅

明朝末年，地方上的绅士威权赫矣。一中举人，报喜的一大堆人，拿着短棍，从大门打起，一直到厅堂窗户，一下打烂，叫作改换门庭。泥木工匠跟着立即修整攀下长主顾。接着，有钱有势的同姓呢，来通谱。有女儿的呢，招女婿。念书的呢，来投拜做门生。

有急用不消动嘴，上千的银子抢着送，为的是找一个靠山。尤其讲究同年同门，大家帮忙，平时小有不快，要计算某一个□高，一纸八行书就可使抚按访拿。反之，门下的一个奴才，在公堂审问时，几个豪奴，一拥而上，说是主人呼唤，立刻扶出，地方官也无可奈何。平时小事，明明道理不对，也只是一张便条，就可了事。出门时必坐大轿，还有扇盖引导，即使一个秀才，前面也得门斗（号房）拿着油伞引路。民间有婚丧大事，这一窝人不能和老百姓混在一块，要单有一间大宾堂，为的是显着高贵。

顾公燮《消夏闲记摘抄》卷上

焦芳

焦芳，河南泌阳人，正德时做过宰相，《明史·阉党传》上有他的名字。

焦芳在朝贪污的劣迹一时说不完，只说一件事。

他在家乡盖了一所极大的房子，动员附近数郡的百姓。人民恨之入骨。

流寇占了泌阳，头儿赵燧一把火烧了焦芳的房子，在地窖里搜出无数金银财宝，挖了焦家祖坟，单单焦芳父子被逃脱了。气愤不过，拿焦芳的衣帽挂在树上，明正典刑，说是为全国人民报怨。

赵燧后来失败被杀，临死时叹一口气说："我不能手杀焦芳父子，对不住全国人民，死有余恨。"

《明史》卷三〇六《焦芳传》

除五蠹

崇祯十四年（1641）正月四川发生除蠹运动。

彭县的钱粮历年积欠，前一年年底，县官叫衙役自去民间催索，饶是年三十了，家家在过年，衙役满处催索，惹得人民动了公愤。

到了正月，人民一窝蜂鸣锣聚众，提出除衙蠹的口号，把所有衙役的家都打毁了，各州县闻风兴起，具体喊出除五蠹：第一是衙蠹，指的是吏胥皂快；第二是府蠹，指的是投献王府，武断乡曲的土豪；第三是豪蠹，指的是民间的无赖泼皮；第四是官蠹，是缙绅家的豪奴恶仆；第五是学蠹，［指的是］包揽诉讼、生事害人的秀才。一捉到不是锤死，就是煮死，甚至活埋。只有新都、金堂两县，因为县官得民心，没有动，新繁、彭山等县则愈演愈烈，成都也闹到拥众呼噪的地步，最后政府只好出兵征讨，这一运动才被武力所消灭。

顾山贞《客滇述》

游民痞棍

游民痞棍时时处处有之，举明初松江为例。明太祖《大诰续编》第二说：

> 松江一府，其不务生理者，专于衙门阿附役吏皂隶，夤缘害民，吏，其名曰正吏，曰主文，曰写发。皂隶，其名曰正皂隶，曰小弓兵，曰直司。牢子，其名曰正牢子，曰小牢子，曰野牢子，此三等牢子除正牢子合应正役外，余有小牢子、野牢子九百余名，皆不务生理，纷然于城市乡村，扰害吾民。

地主靠损小民

明太祖是一个精细明白人，他是从民间出来，最了解小民的疾苦，在《大诰续编》第四十五，指出当时地主将负担转嫁于小民的情形时说：

> 民间洒派包荒诡寄移丘换段，这等俱是奸顽豪富之家，将次没福受用财赋田产，以自己科差，洒派细民，境内本无积年荒田，此等豪猾买嘱贪官污吏及造册书算人等，其贪官污吏受豪猾之财，当科粮之际，作包荒名色，征纳小户。书算手受财，将田洒派，移丘换段，作诡寄名色，以此靠损小民。

以此，在历次大屠杀案中，所杀的是贪官污吏、土豪地主，小百姓虽然吃苦，倒还可留下受苦的小命。

明代宫廷生活

过去君主，奢侈浪费，举明初光禄寺为例。

洪熙元年（1425）行在光禄寺奏岁造酒醴，计用瓶坛二十二万，请依例令工部下有司修造。

宣德十年（1435）减光禄寺厨役四千七百余人。初，洪武中光禄寺厨役八百名，永乐中两京共三千名，后增至九千余名，至是减省量留五千人供役。

一年二十二万坛酒，九千多厨役（内廷的不算在内），呜呼！

《明宣宗实录》卷五、八

民变史料拾零

几千年的历史，告诉我们一个真理，政府和人民的对立，杀鸡求卵，竭泽而渔，酿成人民的叛变。成则为王，败则为寇，幸运儿即刘邦、朱元璋，建国传统，历史上称之为高祖或太高祖皇帝，再加上神文圣武继天立极一大串至善至美的徽号，倒霉的无数千万的革命英雄不但菜市口上一刀，甚至加上千刀万剐，史家还加之以乱臣贼子、寇盗鼠窃的谥号。

成功成名的"乱臣贼子"已经有正史的纪传，替他们敷说神异，歌功颂德了。至于死于官吏地主之手的人们，偶尔在史传里也有一点记载，不过意思相反，一来是铺扬治者的武力，二来也是杀一儆百，唬唬老百姓，把这些材料搜集起来，给予系统的综合的叙述，写成一部中国人民的历史，也许比旧的帝王贵族家史或相斫书多一点现实的意义。

以下就手拈来的史料，论数量不过沧海一粟，论意义却可代表整个历史。

唐肃宗上元、宝应间（760—762），民变四起，《新唐书》卷一四九《刘晏传》说：

初，州县取富人督漕輓，谓之船头。主邮递，谓之捉驿，税外横取，谓之白著。人不堪命，皆去为盗贼。上元、宝应间，如袁晁、陈庄、方清、许钦等乱江淮，十余年乃定。

宋初蜀中王小波李顺之乱，李攸《宋朝事实》卷一七记：

淳化四年（993），青城县民王小波，聚徒起而为乱。谓其众曰：吾疾贫富不均，今为汝均之。贫民附者益众。先是国家平孟（昶）之乱，成都府库之物，悉载归于内府。后来任事者竞功利，于常赋外，更置博买务，禁商旅不得私市布帛。蜀地土狭民稠，耕稼不足以给，由是群众起而为乱。

沈括《梦溪笔谈》卷二五：

［李］顺本味江王小博（波）之妻弟。始，王小

博（波）反于蜀中，不能抚其徒众，乃共推顺为主。顺初起，悉召乡里富人大姓，令具其家所有财粟，据其生齿足用之外，一切调发，大赈贫乏，录用材能，存抚良善，号令严明，所至一无所犯。时两蜀大饥，旬日之间，归之者数万人，所向州县，开门延纳，传檄所至，无复完垒。及败，人尚怀之，故顺得脱去三十余年，乃始就戮。

王辟之《渑水燕谈录》卷八，王明清《挥麈后录》卷五并同。

北宋末睦州（今淳安建德）方腊之乱，曾敏行《独醒杂志》记：

方腊家有漆林之饶，时苏杭置造作局，岁下州县征漆千万斤，官吏科率无艺。腊又为里胥，县令不许其雇募。腊数被困辱，因不胜其愤，聚众作乱。先诱杀县令，兵吏无与抗者，遂陷睦州。江浙亡命相率从之，众至数十万。……初，腊之入杭也，有太学生吕将者为之画策……徐议攻取之计，可以为百世之业，若止于屠略城邑，是乃盗耳。腊不以为然，曰，吾家本中产，无他意，第州县征敛无度，故起兵，愿得贼臣而甘心耳。

南宋初年醴州（今湖南常德）钟相之乱，李心传《建炎以来系年要录》卷三一：

> 建炎四年正月甲午，鼎州人钟相作乱，自称楚王，初，金人去潭州（今长沙），群盗乃大起，东北流移之人，相率渡江……相，武陵人。以左道惑众自号天大圣。言有神灵与天通，能医人疾患。阴语其徒，则曰：法分贵贱贫富，非善法也，我行法，当等贵贱，均贫富。持此语以动小民，故环数百里间，小民无知者，翕然从之，备粮谒相，谓之拜父，如此者二十余年。相以故家赀巨万，及湖湘盗起，相与其徒结集为忠义民兵，士大夫避乱者多依之。……至是起兵……焚官府城市寺观及豪右之家，凡官吏儒生僧道巫医卜祝之流，皆为所杀。

端平间（1234—1236）甫收复三京，乔行简即上疏警告政府当局曰：

> 境内之民，困于州县之贪刻，厄于势家之兼并，饥寒

之氓，常欲乘时而报怨；茶盐之寇，尝欲伺间而窃发，萧墙之忧，凛未可保。

元世祖用桑哥，搜刮无艺，欧阳玄《圭斋文集》卷九《魏国赵文敏公神道碑》记：

时桑哥遣忻都王巨济等理算天下钱粮，已征数百万，未征犹数千万，名曰理算，其实暴敛无艺。州县置狱，株连，故家破产十九。逃亡入山，吏发兵搜捕，因相延拒命。两州间盗有众数万。

元末情形，黄溥《闲中今古录》记：

元只任胡族为正官，中华人官佐二，到末年，数当乱，任非其人，酷刑横敛，台温处之民树旗村落曰：天高皇帝远，民少相公多。一日三遍打，不反待如何！由是谋叛者各起，黄岩方谷珍因而肇乱。江淮红巾，遍四方矣。

朱德润《存复斋续集·平江路问弭盗策》：

今太平日久，民不知兵，经费所入，江浙独多（岁给馈饷二百五十余万），而比岁以来，水旱频仍，田畴淹没，昔日膏土今为波湖者有之。而亲民之官，不谙大体，重赋横敛，务求羡余，致有激变。所得有限，所费不赀，且以州县税粮言之，有额无田，有田无收者一例闭纳，科征之际，枷系满屋，鞭笞盈道，直致民生困苦，饥寒迫身，此其为盗情之本也。至于酒课、盐课、税课，比之国初，增加十倍，征需之际，民间破家荡产，不安其生，改作贩夫入海者有之。目今淮海贫民，食糠秕不足，老弱冻饿，而强壮者入海为盗者有之。一夫倡首，众皆胁从，此其为盗之本情也。其言谓与其死于饥寒，孰若死于饱暖，因是啸聚群起，劫掠官粮，杀伤军民。

明代农民生活

15世纪后期，喜欢方士、女人，讲求长生的明宪宗在位的年代，朝廷上在歌舞升平，田野的农民在冻饿，在被逼造反。当时有名的学者、同时是显官的何乔新，却把他所见的农村情形记载下来。《何文肃公文集》卷二四《福安书事》：

福安连岁被寇，加以洪水为灾，室庐荡然。水后疫气大作，死者十三四，甚至家无噍类，邻里惧其相染，不敢过门，故死者往往暴露不葬，呜呼哀哉，何吾民之不幸也。

危樯巨舶昼纵横，海上时闻鼓角鸣，莫怪近来征税少，编氓渐入绿林兵。（其一）

茅檐过午突无烟，里正催租更索钱，不是使君亲问讯，此身已分入黄泉。（其二）

第二首诗原注：

民有贫不聊生者，欠粮七升不能纳，里正督之，且索私债。民急欲自缢，里正执以诣道，余讯而怜之，答以里正代纳，俟秋成取债焉，民泣谢更生，故录其语云。

卷二五录村氓语：

大儿前岁死银坑，弱子而今又出征，但愿使君平黠寇，老氓从此乐农耕。

行营昨夜运粮回，今日还差送甲来，道路奔驰何日已，石田强半是蒿莱。

《晋阳途次所见》：

采采槐芽不满筐，妇姑踞地且同尝。只愁四月槐芽老，从此贫家又绝粮。

阿母前行儿后追，儿追不及哭声悲，只知各自求生路，肯复回头一顾儿。

县令传言禁食人，谁怜百姓甑生尘，情知醉客非糟彘，且饱饥肠度此春。

《平陆所见》：

被苫藉草倚颓垣，父啖儿尸祖啖孙，一段民风堪入画，写生只欠郑监门。

录村妪言：

芮城有村妪，坐豆畦间，呼儿而哭，问之，则曰，有女年十五，换得豌豆三斗，种之，冀以疗饥。今天旱而豆槁矣，徒使母子离散，终不免饿死也。

卖却娇儿换豆归，岂知种豆尽为萁，空令骨肉东西散，不得杯羹疗母饥。

何乔新字廷秀，江西广昌人，卒于弘治十五年（1502），年七十五（1427—1502）。成化四年（1468）任福建副使。十八年（1480）以右副都御史巡抚山西。《临安所见》以下四首是在福建时的作品，《晋阳途次所见》以下几首是1480年以后的作品。

和何乔新同时代的文人显官吴宽，在他的作品中也屡次提到当时的农民生活，《匏翁家藏集》卷二一《西山杂兴》：

横山西麓见山农，为说山田最害农，一亩犹输粮七斗，何曾囤里蓄冬舂？

小户无田粮最悭，从来户内只荒山，一升旧额加三四，割尽茅柴难补还。

老农头白种山田，不识山中有蕨拳，苗可作菹根作粉，何为忍饿度荒年！

手持长锸背携筐，日出深山斸药忙，不为延年资服食，卖钱买米纳官粮。

卷五七《哀流民辞》：

成化十六年九月不雨，至于今年五月，北方高亢，干旱尤甚，野无麦苗，赤地亘数千里，流民就食者相枕藉死道上，闻之可哀，乃作哀流民辞，其辞曰：嗟尔流民，何去其土而不顾也，莫不有室家，亦莫不有坟墓也！民曰，有之，岂不知居此而安兮，适彼而无所附。奈遭岁之不易兮，迫死期于旦暮。幸吴楚之小康兮，将呿口而待哺。聊假息于涸辙兮，冀升水之活鲋。慨千百以为群兮，相携持而南下。朝揽采乎凫茨兮，夕窜伏乎宿莽。彷徨于河济之堧兮，又泛舟楫之可渡。对洪波而长号兮，殆饿死而交仆。嗟尔流民兮，一至此哉！尔其何辜兮，遭此天灾。纳之沟中兮，孰手而推。召此旱叹兮，其有自来。将征敛之无艺兮，夺私家之畜积？将贡献之争尚兮，拟正供而诛责？岂騋牝之蓄养兮，为军兴之未息？抑瓴甋之抟埴兮，缘土功而重役？维有司之奔走兮，曾赤子之不皇恤，肆棰楚之强虣兮，兼败官而贪墨。有一于此兮，灾实召之。

离开现在快五百年了，吴宽居然能够指出生活之所以流离失所，是横征暴敛，是诛求贡献，是军事负担过重，是官吏贪污，一句话是政治不上轨道。五百年后的文人学者，在位的官吏以为何如？

回纥助唐记

一千二百多年前，中国发生内战，长安、洛阳两个都城全陷落了。天宝皇帝抛弃了人民和土地，带着他宠爱的妃子出奔，一直逃到成都。在成都待了一阵，靠将军郭子仪，尤其是托盟邦回纥的福，居然打了几个胜仗，收复了京城，举行了还都大典。一切都复了原，腐化、贪污、作弊，加上卖官鬻爵，连和尚道士的度牒都卖钱，还有恶性通货膨胀。唯一未复原的是马嵬驿的孤魂。还有，年纪过七十了，儿子早当了家，只好当太上皇，吃碗有点别扭的闲饭。

回纥的骑兵是有名的，排山倒海而来的骑兵方阵，冲破了安禄山、史思明的曳落河（壮士、外族军），击溃了安庆绪、史朝义的蕃将汉兵。当然，也根据唐回商约，抢光了洛阳、长安和沿途所经的城市，榨干了中原人民的血汗，蹂躏侮辱了中原的子女。还在唐回商约的保证下，每年来笑纳一笔可观的保护费，或者说是援助费吧。

史实是这样的，不妨回忆一番：

天宝十四载（755），十一月安禄山反于河北，以讨杨国忠为名，步骑精锐，烟尘千里，鼓噪震地，十二月陷洛阳，第二年六月入潼关，取长安，天宝皇帝南奔。他的儿子北奔，就当时最强的朔方军组织流亡政府。

朔方的统帅是郭子仪，有五万大军，还有许多骁猛的蕃将，本钱还不错。中原方面，有张巡、许远用力阻住安禄山，不许他南下。长江以南的局面是完整的。回纥可汗和吐蕃赞普都派人说愿意出兵援唐。九月，唐肃宗为了要“借兵于外夷以张军势”，派一个宗室和蕃将仆固怀恩出使回纥，发拔汗那兵和西方蕃族兵，条件是大大的经济报酬。

回纥派了贵将葛罗支带两千精骑和郭子仪合军，一到就打了个大胜仗。郭子仪觉得有办法了，劝唐肃宗再请回纥援助。回纥葛勒可汗也真慷慨，至德二年（757）九月又派他的儿子叶护和将军帝德带四千余骑来助战。皇太子广平王俶做天下兵马元帅，和叶护结拜为兄弟，统率朔方、回纥、安西、南蛮、大食兵十五万，号称二十万，一个实实在在的国际联军，从凤翔出发，削平“内乱”，收复失地。

回纥军的给养每天羊二百口，牛二十头，米四十斛。替唐朝作战的条件，说明在两都收复后，土地人众归唐，玉帛子女归回纥，也就是政治的主权，拿不走的土地算一份，经济的物资和女人之类也算一份，两家平分。一个可以回老家，一个呢，做一票大买卖。

第一次大战是香积寺之战。在长安西，澧水东。

广平王没办法，只好拜于叶护马前，说是："今始得西京，若遽俘掠，则东京之人皆为贼固守，不可复取也。愿至东京乃如约。"叶护想这道理也对，答应到洛阳再动手。

第二役是新店之战，在陕城西面。

安禄山的部队有十五万，郭子仪军一接战就吃了亏，又是回纥军抄背后。大风黄埃中万马奔腾，箭似连珠，安禄山军着了慌，一下就垮了。又是两头夹击，完成了一个歼灭战。第二天大军进入东京。

这一回双方都忠实实行商约上的权利，回纥军整整放开手抢了三天。政府库藏光，民间积蓄光，大元帅干瞪眼。回纥军到第四天还不肯住手，洛阳的绅士们只好再来一次自动的慰劳，献出中原的名产缯锦万匹，才算收了手。于是大元帅接受了空城，家家像洗过一样的空房子，和丢了老婆不见女儿的丈夫和父母。不过，主权是完整的。

叶护凯旋到长安，皇帝派群臣郊迎，在长乐驿举行慰劳仪式，在宣政殿摆庆功宴，人人赐锦绣缯器。叶护极乐，说要亲自回国，再调一批人马来，直捣范阳，奠定统一。皇帝也乐了，大夸奖说：“为朕竭义勇，成大事，卿等力也。”拜为司空，爵忠义王，每年赐绢二万匹。

岁币之外，是和亲。和亲照汉朝的老规矩，是拿宗室女子或民间美女来代替的。这次却不然，为了表示亲善，唐肃宗居然舍了自己亲生的小女儿宁国公主，奉送给他所册立的回纥英武威远毗伽汗磨延啜。陪送使臣为了这一点，当面和可汗说明，是皇帝亲生公主，“恩礼至重”！于是公主成为回纥可敦，唐天子天可汗成为回纥可汗的老丈人，一门真正的亲戚。

当然，回纥军第三次来中原，回纥王子骨啜特勒、宰相帝德又率领骑兵三千来助战。

宝应元年（762）九月洛阳又失陷了，唐使臣刘清潭又到回纥去乞师。回纥先以唐朝连遭玄宗和肃宗之丧，中原无主，落得趁火打劫。出兵到朔方三受降城，眼见边地已经残破不堪，越发起了轻视的念头，对天可汗的使臣加以困辱。唐朝急得没办法，还是请仆固怀恩去交涉。这时的回纥可汗是怀恩的女婿，左劝右劝，才答应助唐。可是出师路线，左不行，右不行，最后才挑了一条不会和敌军接触，而沿途给养充足的陕州线。

天可汗派皇太子雍王适做天下兵马元帅，行营在陕州。过河去见回纥可汗，同去的有两个将军和两个高级幕僚，一到便被逼向回纥可汗行拜舞礼，为了顾全体面，抵死不肯。将军幕僚每人被鞭一百，两个当场打死，剩下的两个跟元帅回营，什么也没说，更说不上军事上的配合。

东都再度收复，回纥军又随至大掠，杀人抢东西，无所不为，老百姓无处投奔，只好逃避到圣善寺和白马寺，求泥菩萨庇护。把回纥军搞恼了，一把火连烧了十几天，杀了一万多人。唐朝的官军也痒了手，在汝州、郑州照样来一套，整整三个月工夫，弄得这战区，没有一所房子是完整的。老百姓衣服被剥光，只好穿纸衣裳过日子。

为了报答收复东都的大功，天可汗册封回纥可汗为颉咄登里骨啜蜜施合俱录英义建功毗伽可汗，可敦为娑墨光亲丽华毗伽可敦，从可汗到宰相，共赐实封二万户，将军都封王和国公。

回纥先把所掠宝货安置在河阳，派兵守护，回国时，又把沿途民家一扫而光。唐朝地方政府招待得稍不如意，便杀人放火，闹得没有人敢替回纥人办差。唐朝政府也知道这情形，广德元年（763）七月下令：凡回纥行营所经过的地方，免今年田租一年以示体恤。

回纥从此算是唐朝的有德有功的盟邦了。对盟邦是不应该不友好的。对盟邦不友好便是违反政府利益，大逆不道。推而论之，即使是盟邦对我们稍有不友好的情形，也应该容忍、原谅，务必在和谐的空气中，保持大国风度。

以下是零碎的一连串的回纥对唐表示友好的事实：

广德元年（763）闰正月己酉夜，有回纥十五人犯含光门，突入鸿胪寺，守卫不敢拦阻。含光门在朱雀街西，是中央政府所在地，鸿胪寺是国宾招待所。

大历七年（772）正月，回纥使臣突出鸿胪寺，在闹市抢女人，殴击干涉他们的官吏。接着又一哄冲出三百多骑兵要冲进金光门、朱雀门，闹得皇城门全关上，长安罢市。政府派出经常出使回纥的太监，多方说好话，赔笑脸，才算了结此案。

同年七月，又跑出鸿胪寺，到大街上抢劫，连长安县令邵说也给赶跑了，把他的坐马抢走。邵说只好低头，另外换一匹马回家。

大历九年（774）七月壬寅，回纥人白天在大街上杀人，把一个市民肠子刺出，被拘囚在万年县监狱。回纥使臣赤心立刻带人劫狱，把狱吏砍伤，犯人抢走。政府得知报告，为了亲善，没有说话。

以上这几个例子只是在首都的暴行，而且只是当时史官所记下的暴行，至如其他地方的，史官所没有记下的更不知有多少。

可是，就是这几个例子也尽够了，在堂堂天可汗国的首都，在国宾招待所里，在皇城城门口，在政府机关，在大街广巷，攻打皇城城门，攻击官署，抢劫地方长官坐马，杀人抢劫，其他地方可想而知，对平民百姓又可想而知了。

不止如此，大历十三年（778）正月，回纥大军入寇太原，唐军居然抵抗，死了一万多人，回纥纵兵大抢，过了一个多月才被更大的兵力所压迫退出。政府还是容忍，也不问为什么来攻击来抢，回纥使臣来了，还是照旧招待。

而且，从乾元元年（758）以来，根据唐回商约，回纥用马来换唐的缯帛，每马一匹换帛四十匹。回纥每年赶几万匹马来通商，大部分是老的病的。买的不够数，给的缯帛不够数，立刻闹翻，不是动手打就是用军队打。政府苦于无法应付，而且又不敢应付，只好竭尽库藏，实在没办法，有时闹得由公务员捐月薪，将军献家财。每一次回纥使臣回去，所得的赏赐和马价要用一千多辆车子才够装。

这情形一直到会昌三年（843），回纥接连发生内乱，部落离散，唐军打败回纥后，才结束了这九十年来的亲善关系。

可惜，史缺有间，要不然，一定会有多少次的敦睦邦交令可以让我们参考。

胡汉互名

有的朝代，外族人习惯用中原名字，而且，假定没有中原名字便不够体面。例如唐朝和郭子仪并称的契丹人李光弼，高丽泉盖苏文的儿子泉献诚，沙陀酋长朱邪赤心之为李国昌、第二代李克用、第三代李存勖之类，也有胡姓汉名的如安禄山、仆固怀恩。总之，沾着一点中国味道，款式就够味，政治的社会地位就不同。

有的朝代如北魏，如元，如清，恰好是相反，明明是汉人，却非有一个外国名字不可。假定没有，也是不够体面，甚至方便。例子太多了，不能列举。

只有明朝，是很奇怪的一个朝代，政府对鞑靼女真等部族酋长，因为搞不清帖木儿不花，左一个帖木花，右一个不花。还有伯亲三宝奴之类外族太普遍的名字，一律赐姓，如王三宝奴、李三宝奴之类，为的是容易分别。也有更进一步，连名字也经换过的，《明史》里有一卷专记鞑靼降将的，一律汉姓汉名，中国味道极足。

可是，在这样一个朝代，恰恰有相反的例子，居然有汉人冒用鞑靼的名的。开头我实在不懂，为的是什么，后来在读《明成祖实录》，才找到答案，情形是如此的：

1403年十月，永乐大帝告诉他的军政部长刘儁说：军人里有很多鞑靼人，多半不识字，不能办事，只能让他们领月粮，有事时才征调入军队出力气，现在也有中原人假冒鞑靼人名，为的是避免办事，不替政府出力。你应该明白晓谕，不改正的照法办。

于此，我也明白了，今天我们所知道的新闻人物中，为什么大都有一个外国名字的道理。这道理是北魏、元、清的时代继承。更明白外国公司改为中国名字，中国商人开外国公司，这一串糊涂账的内幕。

从胡人汉名，或汉人胡名，这一点可以看出一个时代一个政权的本质。

那么，在同一时代同一地方，而有两种并存的现象，一方唯恐其不像中国，而另一方又唯恐不像一个国家的，以致月亮不是外国的圆，不是更可以看出一些新的意义吗？

蕃商治罪法

宋朝是一个很不争气的朝代，初期受契丹的气，后来受女真、蒙古的气，甚至受西北党项部族的气，老是被侵略，老是打败仗，老是向侵略者纳岁币，贡献一定数量的物资，在现代术语可以译作赔款。

但是，也还有争气的一面，对从海洋来的蕃商，大体是指波斯、阿拉伯来的商人，还能保持国家的主权，至少司法权是独立的、完整的。

李焘《续资治通鉴长编》卷七二记有如下一事：

1009年十一月，广州外国商人来得极多，朝廷派内侍赵敦信驰驿抚问、慰劳，同时命令地方官广州知州马亮等定蕃商犯罪决罚条，马亮等提出建议除大舶主和使臣以及因敬奉曾受朝廷官号的，有罪应取保听候朝廷处分以外，其余蕃商一律依法处置。这建议被朝廷所接受了。

这一法令可以分开两点来说，外国商人大舶主、大商人和使臣是因为多数向朝廷贡献，受有宋朝官号的，依法受有官号的［人］犯罪，必须经由朝廷处分，地方不能专断，因此，这一部分人的司法处置权属于中央司法机构。至于普通蕃商则和中国平民一样受地方司法机构处理，以此，在宋代，至少在11世纪前期，在广州，蕃商是属中国法律管理并处分的。

羊羔息

羊羔息用今天话是高利贷。

蒙古贵族压榨汉人的方式之一就是羊羔息。

彭大雅《黑鞑事略》说，鞑靼人只是撒花，无人理会得作贾贩，自鞑主之下，诸如王太子，公主只以银与回族，令其自去贾贩以纳息。回族或自转贷与人，或自多方贾贩，或诈称被劫而责偿于州县民户。撒花蒙古话是白要的意思。诈称被劫而责偿于州县民户，据《元文类》卷五七宋子贞《中书令耶律公神道碑》说："国初盗贼充斥，商贾不能行，则下令凡有失盗去处，周岁不获正贼，令本路民户，代偿其物，前后积累，动以万计，及所在官吏取借回鹘债银，其年则倍之。次年则并息又倍之，谓之羊羔利。积而不已，往往破家散族，至以妻子为质，然终不能偿。"《元史》卷一五五《史天泽传》也说："［真定］政烦赋重，贷钱于西北贾人以代输，累倍其息，谓之羊羔利，民不能给。”这是1234年的事。六年后的大名也有这样的情形。《元史》卷一五二《王珍传》说，大名困于赋调，借贷西域贾人银八十锭（一锭五十两）。

羊羔息的利率，《黑鞑事略》说，一锭之本辗转十年后，其息一千二十四锭。

替蒙古人经营羊羔息的回鹘，即贞元四年（788）前的回纥，后代史家所记的畏吾儿，这一种民族是有经商的天才的。《蒙鞑备录》说：“其俗（鞑靼）既横，则有回鹘为邻，每于西河博易，贩卖于其国。”

回鹘是蒙古贵族的财产经营人，在他们替主人增加财富的活动上，当然有政治上的保津，因此便刻剥掊削，没收人口房屋来抵偿债务的纠纷层出不穷，甚至有在私家设立监狱的，试举一例，《元史》卷一六〇《王磐传》说：“［磐］出为真定、顺德等路宣慰使。……郡有西域大贾，称贷取息，有不时偿者，辄置狱于家，拘系榜掠。”

就是这样，蒙古贵族肥而又肥，回鹘也肥了，汉人南人呢，血汗全被吮吸干了。

至正十一年（1351）刘福通奉韩林儿起兵，龙凤皇帝的诏旨有二句话：“贫极江南，富称塞北。”

赕

“赕”这个字很少人懂得，明朱国祯《涌幢小品》卷三〇说：“凡蛮夷不受鞭罚，输财赎罪者谓之赕。误用者至作为器物。”是封建专制时代的大汉族主义者对小民族的剥削。举例说，《南史》卷四二《萧嶷传》：“［时］沈攸之责赕，伐荆州界内诸蛮，遂及五溪。禁断鱼盐，群蛮怨怒。西溪蛮王田头拟杀攸之使，攸之责赕千万，头拟输五百万，发气死。”

这一个字被用惯了，也用在帝王勒索大臣的行径上。

士大夫出去做地方官是为了弄钱，回朝时必定要分出一部分来孝敬主人。有时手紧一点，皇帝便不客气了，给一点厉害处置，挤出卖命钱，也叫作赕。

官吏吃老百姓，皇帝又吃大官。这类例子太多，举南朝的几个著例。

刘宋朝的垣闳的绰号叫被赕刺史。

故事是这样的，垣闳在宋孝武帝朝被派作交州刺史，交州在当时土宇充实，是个肥缺，罢任回朝时当然资财巨万，不枉辛苦一场。宋孝武帝是有名的括钱好手，凡是地方长官刺史二千担罢任还都，依惯例得献奉皇帝一份。此外，这些括够了的肥官，还经常被邀去和皇帝赌钱，当然只许输，不许赢，一直要输完括来的财物为止。

垣闳好运气，回朝时孝武帝驾崩，免此一劫，舒舒服服在家做财主。

到宋明帝初年，垣闳又钻得益州刺史，益州也是好地方，回朝时二五一十，送一半给皇帝。

不料明帝胃口大，嫌少。垣闳一还朝，就被召到大理寺听审，关在牢里。垣闳无法，还是性命要紧，只好扫数奉献，才了结了这桩公案。

由此，垣闳得了这个绰号。

苍梧王比明帝还干脆，张兴世从雍州回朝，有三千万家私。苍梧王亲自带领人马，黑夜里去抢，一晚便抢光。兴世倾了家，还怕丢命，又气又怕，活活急死。

不止刘宋的帝王如此，萧齐也一样。《南史·孔琇之传》说：琇之在临海太守任上，清苦不要钱，还朝时献干姜两千斤，齐武帝嫌少，后来才知琇之当真没有钱，连说难得啊难得！

其实何止在历史上，即使是在今天，读了《孔琇之传》的人，有谁不再三慨叹：“难得啊，真是难得！”

生祠

替活着的人盖祠堂叫生祠，大概是从哪一个时代父母官“自动”请老百姓替他立长生禄位而扩大之的。单有牌位不过瘾，进一步而有画像，后来连画像也不够格了，进而为塑像，有了画像塑像，自然得有宫殿，金碧辉煌，初一十五文武官员一齐来朝拜，文东武西，环佩铿锵，口中念念有词，好不风光，好不威武。

历史上生祠盖得最多的、盖得最漂亮的是魏忠贤的生祠，盖得最起劲的是魏忠贤的干儿子、干孙子、干曾孙子、曾孙子、灰孙子。据《明史·魏忠贤传》说：天启六年（1626），魏忠贤大杀反对党，周起元、高攀龙、周宗建、缪昌期、周顺昌、黄尊素、李应升一些东林党人［被］一网打尽之后，修《三朝要典》（《东林罪状录》），立东林党人碑之后，浙江巡抚潘汝祯奏请为忠贤建祠，跟着是一大堆官歌功颂德，于是督抚大吏阎鸣泰、刘昭、李精白、姚宗文等抢先建立生祠，风气一成，连军人、做买卖的、流氓棍徒都跟着来了，造成一阵建祠热，而且互相比赛，越富丽越好，地皮有的是，随便圈老百姓的，材料也不愁，砍老百姓的。接着道统论也被提起了，监生陆万龄建议以魏忠贤配享孔子，忠贤的父亲配享启圣公，谁又敢说个不字？

当潘汝祯请建生祠的奏本送达朝廷后，御史刘之待签名迟了一天，立刻革职。苏州道胡士容不识相，没有附和请求，遵化道耿如杞入生祠没有致最敬礼——下拜，都下狱判死刑。

据《明史·阎鸣泰传》，建生祠最多的是少师兼太子师、兵部尚书阎鸣泰，在蓟辽一带建了七所。在颂文里有“民心归依，即天心向顺”的话。

潘汝祯所建忠良生祠在杭州西湖，朝廷赐名普德。

这年十月，孝陵卫指挥李士才建忠良生祠于南京。

次年正月，宣大总督张朴、宣府巡抚秦士文、宣大巡按张素养建于宣府和大同。应天巡抚毛一鹭、巡按王拱建于虎丘。

二月，阎鸣泰又和顺天巡抚刘诏、巡按倪文焕建于景忠山。宣大总督张朴又和大同巡抚王点、巡按张素养在大同建立第二个生祠。

三月，阎鸣泰又和刘诏、倪文焕、巡按御史梁梦环建于西密云丫髻山，又建于昌平，于通州。太仆寺卿何宗圣建于房山。

四月，阎鸣泰和巡抚袁崇焕建于宁前。张朴和山西巡抚曹尔桢、巡按刘弘光又建于五台山。庶吉士李若琳建于蕃育署。工部郎中曾国祯建于卢沟桥。

五月，通政司经历孙如冽、顺天府尹李春茂建于宣武门外。巡抚朱童蒙建于延绥。巡视五城御史黄宪卿、王大年、汪若极、张枢智，建于顺天。户部主事张化愚建于崇文门外。武清侯李诚铭建于药王庙。保定侯梁世勋建于五军营、大教场。登莱巡抚李嵩、山东巡抚李精白建于蓬莱阁宣海院。督饷尚书黄运泰、保定巡抚张凤翼、提督学政李蕃、顺天巡按倪文焕建于河间，于天津。河南巡抚郭增光、巡按鲍奇谟建于开封。上林监丞张永祚建于良牧、嘉蔬、林衡三署。博平侯郭振明建于都督府，于锦衣卫。

六月，总曹尚书郭尚友建于淮安。顺天巡按卢承钦、山东巡按黄宪卿、顺天巡按卓迈，七月，长芦巡盐龚萃肃、淮阳巡盐许其孝、应天巡按宋桢汉、陕西巡按庄谦建于顺天、山东、长芦、淮阳、应天、陕西等地。

八月，总河李从心，总漕郭尚友，山东巡抚李精白、巡按黄宪卿、巡漕何可及建于济宣。湖广巡抚姚宗文、郧阳抚治梁应泽、湖广巡按温皋谟建于武昌，于承天，于均州。三边总督史永安，陕西巡按胡建晏，巡按庄谦、袁鲸建于固原太白山。楚王朱华奎建于高观山。陕西巡抚牟志夔，巡按李灿然、刘弘光建于河东。

踊跃修建的官员，从朝官到外官，从文官到武官，从大官到小官，到亲王勋爵，治河官，卖盐官，没有一个不争先恐后，统一建生祠。

建立的地点从都城到省城，到名山，甚至都督府、锦衣卫、五军营等军事衙门，蕃育署、上林苑等宫建衙门，甚至建立到皇城东街，只要替魏忠贤建立生祠，没有谁可以拦阻。

每一祠的建立费用，多的要数十万两银子，少的也要几万两，合起今天的纸币要以多少亿计。

开封建祠的时候，地方不够大，毁了民房二十多间，用渗金塑像。

都城几十里的地面，到处是生祠。上林苑一地就有四个。

延绥生祠用琉璃瓦，蓟州生祠金像用冕旒。南昌建生祠，毁周程三贤祠，出卖澹台灭明祠做经费。

督饷尚书黄运泰迎像，用五拜三稽首礼。立像后，又率文武将吏列阶下五拜三稽首礼。再到像前祝告，其事幸亏九千岁（这些魏忠贤的党羽子孙称皇帝为万岁，忠贤九千岁）扶持行一套礼，又某臣蒙九千岁提拔，又行一套礼。退还本位以后，再行大礼。又特派游击将军一人守祠，以后凡建祠的都依例派专官看守。

国子监生（大学生）陆万龄以孔子作《春秋》，忠贤作《要典》，孔子杀少正卯，忠贤杀东林党人，应在国学西建生祠和先圣并尊。这简直是孔子在世，道统重光了。国子司业（大学校长）朱之俊接受了这意见，正预备动工，不凑巧天启皇帝驾崩，政局一变，魏忠贤一下子从云边跌下来了。

崇祯帝即位，魏忠贤自杀，崇祯二年（1629）三月定逆案，全国魏忠贤生祠都拆毁，建生祠的官员也列名逆案，依律处刑。

《三朝要典》的原刻本在北平很容易见到，印得非常考究，大有翻印影印流传的必要。

魏忠贤的办公处东厂，原来叫东厂胡同，从沙滩一转便是。中央研究院北平办事处在焉。近来改为东昌胡同了，不知是敌伪改的，还是最近改的。其实，何必呢？魏忠贤之臭，六君子的血，留着这个名词让北平市民多想想也是好的。

四尽

刘宋时鱼弘曾经做过南谯郡、盱眙、竟陵郡太守，非常满意他自己的政绩。有一次对人说："我做地方长官有四尽，水中鱼鳖尽，山中獐鹿尽，田中米谷尽，村里人庶尽。丈夫生如轻尘栖弱草，白驹之过隙。人生但欢乐，富贵在何时！"

此公坦白得可爱，只是可惜，还得让今人一着，海陆空全尽。

《南史》卷五五《鱼弘传》

蒙古根脚

蒙古征服中原的次第，先灭北方的金，后灭南方的宋。

蒙古驻屯军遍驻各军事要点，征服地的军政长官都必须是蒙古人，或者是色目人——最先投降蒙古，替蒙古作战的许多西北部族，如波斯、康里钦察之类。

蒙古管金治下的人民叫汉人，宋治下的人叫南人。

汉人、南人巴结得上蒙古人的，事事有办法，处处走得通，在蒙古的立口说，这些人是顺民，够交情，就这类人对蒙古的口头禅叫“亲善”。

这类人在当时叫蒙古根脚。

蒙古根脚这一名词见于刘基《诚意伯文集》卷首吴伯生所作《诚意伯刘公行状》。原文是：

> 新昌州有人命狱，府委公覆检，案核得其故杀状，初检官得罢职罪。其家众倚蒙古根脚欲害公以复仇，江西行

省大臣素知公，遂辟为职官掾史。

根脚两字极好，比今天所用的“关系”更切实有味。

黑名单

黑名单也是古代有之物，著例还是魏忠贤时代。

《明史·魏忠贤传》说：

天启四年忠贤用崔呈秀为御史，呈秀造天鉴同志诸录，王绍徽亦造点将录，皆以邹元标、顾宪成、叶向高、刘一燝等为魁，尽罗入不附忠贤者，号曰东林党人，献于忠贤，忠贤喜，于是群小益求媚忠贤，攘臂攻东林矣。

替魏忠贤造名单的，有魏广微、顾秉谦，都是大学士（宰相）。名单有黑红两种，《明史·顾秉谦传》说：

广微……与秉谦谋尽逐诸正人，点缙绅便览一册，若叶向高、韩爌、何如宠、成基命、缪昌期、姚希孟、陈子壮、

> 侯恪、赵南星、高攀龙、乔允升、李邦华、郑三俊、杨涟、左光斗、魏大中、黄尊素、周宗建、李应昇等百余人，目为邪党，而以黄克缵、王永光、徐大化、贾继春、霍维华等六十余人为正人，由阉人王朝用进之，俾据是为黜陟。忠贤得内阁为羽翼，势益张。秉谦、广微亦曲奉忠贤，若奴役然。

《缙绅便览》是当时坊间出版的朝官人名录，魏广微、顾秉谦根据这名单来指出正人邪人，必定是用两种颜色，以今例古，必定是红黑两种颜色，是可以断言的。

崔呈秀比这两位宰相更进一步，抄了两份，一份是《同志录》，专记东林党人，是该杀的、该关的、该革职的、该充军的；另一份是《天鉴录》，是东林的仇人，也是反东林的健将，是自己人，据《明史·崔呈秀传》说："忠贤凭以黜陟，善类为一空。"

《明史·曹钦程石传附承钦传》：

> ［承钦又向政府提出，］东林自顾宪成、李三才、赵南星而外，如王图、高攀龙等谓之副帅，曹于汴、汤兆京、史记事、魏大中、袁化中谓之先锋，丁元荐、沈正宗、李朴、

贺烺谓之敢死军人，孙丕扬、邹元标谓之土木魔神。请以党人姓名、罪状榜示海内。忠贤大喜，敕所司刊籍，凡党人已罪未罪者，悉编名其中。

这又更进一步了，不但把东林人列在黑名单上，而且还每个人都给了一个绰号、匪号，其意义正如现在一些刊物上的闻一多夫、罗隆斯基同。

王绍徽，魏忠贤用为吏部尚书。仿民间《水浒传》，编东林一百零八人为《点将录》献上，令按名黜汰，以是越发为忠贤所喜，绍徽也名列《明史·阉党传》。

这几种黑名单，十五六年前都曾读过，记得最后一种《点将录》，李三才是托塔天王，黄尊素是智多星，每人都配上《水浒传》里的绰号，而且还分中军左军右军，天罡地煞，很整齐。似乎还是影印本。可惜记忆力差了，再也记不起在什么丛书中。可惜！可惜！

义子干孙

魏忠贤不大识字，智力也极平常。他之所以能弄权，第一是私通熹宗的奶妈客氏，宫中有内线，熹宗听客氏的话，忠贤就可以为所欲为。第二是熹宗庸君，十足的阿斗，凡事听凭忠贤做主张。

光是这两点，也不过和前朝的刘瑾、冯保一样，还不至于起党狱，开黑名单，建生祠，称九千岁，弄得民穷财尽，天翻地覆，原因是第一政府在他手上，首相次相不但和他合作，而且魏广微还和这位太监攀通家，送情报居然题为内阁家报。其二是他有政权就能养活一批官，反正官爵都出于朝廷，俸禄都出于国库，凡要官者入我门来，于是政权军权合一，内廷外廷合一，魏忠贤的权威不但超过任何一个宦官，也超过任何一个权相，甚至皇帝。

《明史》说，内外大权，一归忠贤，内竖（宦官）自王体乾等外，又有李朝钦、王朝辅、孙进、王国泰、梁栋等三十余人为左右拥护，外廷文臣则崔呈秀、田吉、吴淳夫、李夔龙、倪文焕主谋议，号五虎。武臣则田尔耕、许显纯、孙云鹤、杨寰、崔应元主杀戮，号五彪。又吏部尚书周应秋、太仆卿曹钦程等号十狗，又有十孩儿、四十孙之号，而为呈秀辈门下者又不可数计。

虎彪狗都是魏忠贤的义子，举例说，崔呈秀在天启初年巡按淮阳，卑污狡狯，不修士行，看见东林正红得发紫，想尽方法要挤进去，被拒不纳，四年还朝，都察院都御史高攀龙尽列他在淮阳的贪污条款，提出弹劾，吏部尚书赵南星批定充军处分，朝命革职查办。呈秀急了，半夜里到魏忠贤家叩头乞哀，求为养子。结果呈秀不但复职，而且升官，不但升官，而且成为忠贤的谋主、残杀东林的刽子手了。两年后做到兵部尚书兼都察院左都御史，儿子不会作文也中了举，兄弟做了浙江总兵官，女婿呢吏部主事，连姨太太的兄弟，唱小旦的也做了密云参将。

其他四虎，吴淳夫工部尚书，田吉兵部尚书，倪文焕太常卿，李夔龙副都御史。都是呈秀唆使拜在忠贤门下做义子的。

十狗中如曹钦程，《明史》本传说："由座主冯铨父事魏忠贤，为十狗之一。如群小中尤无耻，日夜走忠贤门，卑谄无所不至，同类颇羞称之。”到后来，连魏忠贤也不喜欢他了，则以败群革职，可是此狗在被赶出家门时，还向忠贤叩头说：“君臣之义已绝，父子之恩难忘。”大哭一场而去，忠贤死后，被处死刑关在牢里等行刑，日子久了，家人也厌烦，不给送饭。他居然有本领抢别人的牢饭，成天醉饱，李自成陷北京，破狱出降，自成失败而走，此狗也跟着，不知所终。

十孩儿中有个石三畏，闹了个不大不小的笑话。有一天，某贵戚请吃饭，在座的有魏忠贤的侄儿魏良卿。三畏喝醉，点戏点了《刘瑾醉酒》，犯了忌讳，忠贤大怒，立刻革职回籍，忠贤死后，他还借此复官，到头还是被弹劾免职。

这一群虎狗彪儿孙细按本传，有一个共同的特征，早年“官居强执，颇以清操闻”，作《春灯谜》《燕子笺》，文采风流，和左光斗诸人交游的阮大铖，和叶向高同年好友的刘志选，以及《玉芝堂谈荟》的周应秋，都兼着当时“社会贤达”的招牌，颇有名气的。只是利欲熏心，想做官，做大官，做要官，迷得发了疯，一百八十度一个大转弯，拜在魏忠贤膝下，终致身败名裂，在《明史》里列名《阉党传》。阮大铖在崇祯朝寂寞了十几年，还在南京冒充东林，附庸风雅，千方百计要证明他是东林，千方百计要洗去他当魏珰干儿的污渍，结果被一批年轻气盛的东林子弟出了《留都防乱公揭》，鸣鼓而后之，落得一场没趣。孔云亭的《桃花扇》真是妙笔奇文，到今天读了，还觉得这副嘴脸很熟，“如”闻其声，“如”见其人。

辑二

史话

本辑十八篇文章，最早收录于吴晗第一本作品集《历史的镜子》（东方学出版社，1945年11月），署名吴晗。最初发表的具体时间、刊物和署名待考。

元末的军政

元李士瞻《经济文集》卷一《上中书丞相书》，指出当时的军政情形说：

> 承平以来，百年于兹，礼乐教化，日益不明，纪纲法度，日益废弛，上下之间，玩岁愒日，率以为常，恬不为怪，一旦盗贼猝起，茫若无措。总兵者惟事虚声，秉钧者务存姑息，其失律丧师者，未闻显戮一人，玩兵养寇者，未闻明诛一将，是以不数年间，使中原云扰，海内鼎沸，山东河北，莽为丘墟，千里王畿，举皆骚动，而终未见尺寸之效者。此无他，赏罚不明而是非不公故也。

这是元亡国前夕的实况。也可以说是每一个朝代覆亡前夕共有的实况，也可以说是因为这样，才闹到国亡家破。六百年前的李士瞻很懂得军政之腐化是由于政治之不修，社会风气之恶化，无纪纲，无法度，大官大贪，小官小贪。上下交征利，只顾个人生活的享受，家族姻戚以至乡党的提携引用，残民以逞，竭泽而渔，把国家民族的利益置之不顾，一旦外寇内患交起，还是以不了了之，还是个人利益第一，自己这集团利益第一，带兵的将帅尽是政府当局的私人，自家人说得上什么审法军纪！而且所谓将帅还不是银样镴枪头，说起来有一套，只凭一点门生故旧的因缘，弄得杀人民找大钱的机会，怎么谈得上战略战术？又怎么能谈得上军民一致，军民合作？“失律丧师者，未闻显戮一人，玩兵养寇者，未闻明诛一将”，又怎么不应该？

只是可惜，照规矩元朝的中书丞相必定是蒙古或者色目人，蒙古人色目人不懂得汉文，这意见白糟蹋了。

撒花

彭大雅《黑鞑事略》记蒙古军队抢劫情形说：“其见物则欲，谓之撒花。予之，则曰捺杀因，鞑语好也；不予，则曰冒乌，鞑语不好也。撒花者，汉语觅也。”跟着宋谢太后和小皇帝被俘到北边的词人汪元量，在他的名著《水云集》里，有一首醉歌：“北军要讨撒花银，官府行移逼市民。”

撒花这一名词，可以作为今典。

两道檄文

元至正二十六年（1366）八月朱元璋传檄姑苏，在数张士诚罪状以前，先指斥当时的元政府说："皇帝圣旨，吴王令旨：近睹有元之末，主居深宫，臣操威福，官以贿成，罪以情免，台宪举亲而劾仇，有司差贫而优富，庙堂不以为忧，方添冗官，又改钞法。"举出：一、政出权臣；二、政治腐败；三、贿赂公行；四、刑赏颠倒；五、剞贫优富；六、组织扩大；七、通货膨胀。

明崇祯十六年（1643）李自成数檄明廷罪状说："君非甚暗，孤立而炀灶恒多，臣尽行私，比党而公忠绝少。"又说明朝昏主不仁：宠宦官、重科第、贪税敛、重刑罚，不能救民水火；日罄师旅，掳掠民财，奸人妻女，吸髓剥肤。

黄菜叶

《明太祖实录》卷二五：

初，士诚用事者，黄参军、蔡参军、叶参军辈，迂阔书生，不知大计。吴中童谣云：黄菜（蔡）叶，作齿颊，一夜西风来，干厌。

按《明史·五行志》载此谣作：

丞相做事业，专靠黄、蔡、叶。一朝西风起，干鳖。

这两个记载把一世枭雄张士诚的灭亡，归罪于三个迂阔书生，初看似乎不很合理，迂阔何能亡国！检《明史·张士诚传》，原来这三人并不迂阔，相反的倒是搜括聚敛、贪污的能手。《张士诚传》说：

> ［士诚］以［弟］士信及女夫潘元绍为腹心，……参军黄敬夫、蔡彦文、叶德新主谋议。……既据有吴中，吴承平久，户口殷盛，士诚渐奢纵，怠于政事。士信、元绍尤好聚敛，金玉珍宝及古法书名画，无不充牣。日夜歌舞自娱。将帅亦偃蹇不用命，每有攻战，辄称疾，邀官爵田宅然后起。甫至军，所载婢妾乐器踵相接不绝，或大会游谈之士，樗蒲蹴踘，皆不以军务为意。及丧师失地还，士诚概置不问，已，复用为将。上下嬉娱，以至于亡。

在六百年前，没有对外交通，虽然不怕封锁，可是外汇走私和囤积器材以至粮食这类办法也无从发明，金玉珍宝法书名画等等便成为达官名将所注意聚敛的对象了，贪污聚敛不问，丧师失地不问，终至地丧尽到无可丧，民剥尽而无可贪，局蹐姑苏城中，被朱元璋所困死。如此政治，如此军官，不亡才是奇迹！

迂阔只是不合现实，贪污才是当前的现实的问题。

人生五计

陶奭龄《小柴桑喃喃录》上说：

朱平涵（国桢）有五计之说亦可喜。十岁为儿童，依依父母，嘻嘻饱暖，无虑无营，忘得忘失，其名曰仙计。二十以还，坚强自用，舞蹈欲前，视青紫如拾芥，骛声名若逐膻，其名曰贾计。三十至四十，利欲熏心，趋避著念，官欲高，名欲大，子孙欲多，奴婢欲众，其名曰丐计。五十之年，嗜好渐减，经变已多，仆趋于斗争之场，享塞于险巇之境，得意尚有强阳，失意遂成枯木，其名曰囚计。过此以往，聪明既衰，齿发非故，子弟为卿，方有后手，阅颐未艾，愿为婴儿，其名曰尸计。大概世人一生，尽此五计，非学道人，鲜自脱者。

过了三百多年，时代变了，人的脑子也变了，当今士大夫的五计[①]，十岁以前，被训被塞，识了之无，头脑没得，其名曰填鸭子计。十至二十，中学大学，奖金贷金，利诱威吓，其名曰塑猢狲计。二十至三十，留学情殷，护照奥援，是经是营，其名曰良心病计（参看《××日报》蔡×女士谈话）。三十以还，学成名遂，博士头衔，摸鱼心肺，狗啃骨头，留心虾米，文化班头，为人狂吠，其名曰摸虾米计。五十左右，儿女镀金，岸然道貌，青年所矜，官方讲演，道统留心，发为文章，值钱半文，其名曰冷猪肉计（准备进新孔庙也）。过此以往，后台无人，名为利累，生为世轻，死灰枯木，焚香诵经，老而不死，急急如律令，其名曰活死人计。大概士大夫一生，尽此五计[②]，非学道人，鲜自脱者。

①② 原文为五计，根据文中所述实为六计。——编者注

特权阶级与礼

为了维持统治权的尊严，历代以来，［统治阶层］都曾费心思规定了一大套生活服用的限制，某些人可以如何，某些人不可以如何如何。可以不可以，全凭人的身份来决定。这些决定，美其名曰礼，正史里每一套都有极其啰唆、乏味的礼志，或者舆服志、仪卫志之类，看了叫人头痛。其实说穿了，正有大道理在。原来上帝造人，极其平等，虽然有高短肥瘦白黑美丑之不同，原则上，作为具备“人”的条件却是相同的，不管你是地主或农奴，皇帝或小兵，都有鼻子眼睛，都有牙齿耳朵，也都有两条腿，以及其他的一切。脱了衣服，大家都光着身子，一切的阶级区别便会荡然无存，没有穿衣服的光身皇帝，在大街上捡一块破蒲包，遮着身子，立刻变成叫花子。因之，一些特殊的人物为了矫正这天然的平等，便不能不用人为的方式来造成不平等，用衣服冠履，用宫室仪卫，来造成一种尊严显赫以至神秘的景象，使另外一些人感觉不同，感觉异样，以至感觉羡慕、景仰。以为统治者果然是另一种人，不敢生非分之想，一辈子，而且子子孙孙做奴才下去，如此，天下便太平了。

平心而论，做一个皇帝，戴十二旒的冕，累累赘赘地拖着许多珠宝，压得头昏脑涨，穿的又是五颜六色，多少种名目。上朝时规规矩矩坐在大殿正中死硬正方或长方的蟠龙椅上，实在不舒服。不能随便出门，见人也得板着脸孔，不能随便说笑。作为一个自由人的可爱可享乐处，他都被剥夺了。然而，他还是要耍这一套，为的是，他除开这一套，脱了衣服，他只是一个普普通通上帝所造的人。

礼乎礼乎，衣服云乎哉，礼乎礼乎，宫室云乎哉！

明白了这一点，也就可以明白如今不管什么机关，即便是什么部的、什么局的第几军需处的第几服装厂的第几针织部，门口都有一个荷枪的卫兵在守卫着的缘故了。

明白了这一点，也就可以明白古代许多陵，埋死人的坟，为什么花这么多钱的理由；也可以明白在北平、在上海，阔人们的大出丧，以至公务人员每七天都要做的那一套，以至看电影前那一些不谐和的情调的由来了。

刑与礼

刑不上大夫，礼不下庶人。

大夫与庶人是两个阶级，一个是劳心者，是君子，也就是贵族。一个是劳力者，是小人，是野人，也就是老百姓，有义务而无权利的老百姓。天生着贵族是为治理小民的，该老百姓养他，天生着老百姓是做粗活的，种田锄地，饲蚕喂猪，养活贵族。

刑是法律，法律只是为着管制老百姓而设，至于贵族，那是自己人，自己人怎么可以用法律对待，“本是同根生”，共存共荣，自己人只能谈礼，除非是谋叛，那又作为别论。

贵族也会做错事，万不能照对付老百姓的办法，于是乎有八议，议什么呢？第一是议亲，第二是议故，第三是议贤，第四是议能，第五是议功，第六是议贵，第七是议宾，第八是议勋。一句话，和统治者有亲、有故、有功，都不受普通法律的制裁，亲故功都说不上，还有贵，官做大了就不会犯罪，再不，还有贤啊、能啊、勋啊，总可以说上一个，反正贤能无角无形，只要说是，谁又能反驳呢？于是乎贵人不死了。

继承尧舜禹汤文武周公孔子以及什么什么以来的道统，允执厥中的我中华民国，忝列为世界五强之一，凭的是，就是这个“道”。

而且，过去的议宾，只是很少数的例外，前朝的统治者家族早已杀光，无宾可议（只有宋朝，优待柴世宗子孙，《水浒传》中的小旋风柴进家藏免死铁券，是个例外，还有民国初年的溥仪）。而现在呢，把它解释为外国使节的驻外法权，不更是为有经有据吗？

就刑不上大夫这一古代的历史事实，来了解当前的许多问题，也许不是白费精力的吧！

庶民服饰

在过去，虽然有贵贱尊卑的等差，虽然有贵族庶民的分别，生存的机会倒还算平等，皇帝得活，老百姓也得活。而且，统治者们纵然昏庸腐烂到了极点，至少还剩一点小聪明，他们的生活是建筑在对老百姓的剥削上，“留得青山在，不怕没柴烧”，慢慢地一滴滴地享用，打个长远算盘，竭泽而渔、杀鸡求卵、取快一时、遗臭百世的短命办法，他们是不愿而且也不敢采取的。因此，历代以来的重农政策，历代以来的救荒赈灾政策，以及士大夫不许与民争利的法令，小恩小惠，以及治河渠、修水利、贷种子、抚流民种种治国鸿猷，多多少少为老百姓保障一点生存的权利。

剥削老百姓有个分寸，是汉唐宋明所以历年数百的主因。末叶的不肖子孙，剥溜了手，分寸也忘了。官逼民反，是汉唐宋明以及其他朝代之所以崩溃覆灭的原因。

因为有个分寸，老百姓还剩得点饭吃，他们以无比的勤劳刻苦，披星戴月，胼手胝足，稍有点积蓄，也就不免润屋润身，装点一下。然而，这一来，又不免使统治者头痛了，他们以为章服居室舆从是所以别贵贱、限尊卑的，一切中看中吃中用的东西都应该为贵者尊者所专利，老百姓发了迹，居然也要闹排场，“唯名与器，不可以假人”，孔子尚在惜繁缨，自命为尊奉孔子道统的君王巨卿，又岂敢不诚惶诚恐地遵守，自绝于名教！以此，历代史乘上不许老百姓这样、不许老百姓那样的法令也就层出不穷了，试举一例，《明太祖实录》卷五五：

（洪武三年八月庚申）省部定议，职官自一品至九品，房舍车舆器用衣服各有等差。庶民房舍不过三间，不得用斗栱彩色。其男女衣服并不得用金绣锦绮纻丝绫罗，止用绸绢素纱。首饰钏镯不得用金玉珠翠，止用银，靴不得裁制花样，金线装饰，违者罪之。

卷七三：

（洪武五年三月乙卯）诏庶民妇女袍衫，止以紫绿桃红及诸浅淡颜色，其大红鸦青黄色，悉禁勿用，带以蓝绢布为之。

六百年后的今天，贵贱尊卑的等差固然被革命革除，可是，附带的最低的一点老百姓生存的权利也跟着革掉了，跟着买办资本、官僚资本、地主和军阀资本的发展，社会上显然只剩两个集团，一个有钱有势的，一个无钱无势的。靠着战争的赐予，有的愈有，无的愈无；一面是朱门酒肉臭，一面是路有冻死骨；一面是逃囤资金于国外，一面是肘穿踵露，儿女啼饥号寒；一面是荒淫无耻，一面是流徙四方。不但金绣锦绮丝绫罗被有的集团所专利，就连绸绢素纱也被囤积了；不但金玉珠翠被有的集团所专利，连银子也运到外国去了。老百姓所剩下的唯一财产是一条不值半文钱的命。

钱的有无和多少决定了新的社会阶层，造成对立的两个阶级，也决定了道德、名誉、人品以至一切的一切。

“法令滋彰，盗贼多有”，在当前的新趋势新社会风气之下，像明太祖所颁发的这一类法令，看来真是多事。

政简刑清，国以大治！

阮圆海

提起明末的词人，风流文采、照耀一时的阮圆海，立刻会联想到他的名著《春灯谜》《燕子笺》。云亭山人的《桃花扇》，逼真活现，三百年后，此公形象如在目前。

阮圆海的一生，可以分为若干时期。第一时期声华未著，依附同乡清流东林重望左光斗，以为自重之计。第二时期急于做官，为东林所挤。立刻投奔魏忠贤，拜在门下为干儿，成为东林死敌。第三时期东林党人为魏阉所一网打尽，圆海的官也大了。和干爹相处得很好，可是他绝顶聪明，看出场面要散，就预留地步，每次见干爹，总花钱给门房买回名片。第四时期，忠贤被杀，阉党失势，他立刻反咬一口，清算总账，东林阉党混同攻击，可是结果还是挂名逆案，削官为民。崇祯一朝十七年，再也爬不起来。第五时期，南方诸名士缔盟结社，正在热闹，圆海也不甘寂寞，自托为东林人物，谈兵说剑，想借此翻身，不料惹了复社名士的公愤。出了《留都防乱公揭》，指出他是魏珰干儿，一棍打下去。第六时期，北都倾覆，马士英拥立弘光帝，圆海又勾上马士英，重翻旧案，排斥东林，屠死端士，重新引起党案，招引逆案人物，组织特务，准备把正人君子一网打尽。朝政浊乱，贿赂公行，闹到“职方贱如狗，都督满街走”（职方有点像现在的军政部军政司长，都督相当于总司令），把南京政权断送了。第七时期清兵南下，圆海叩马乞降，终为清军所杀。

总算圆海一生，前后七变，变来变去，都是从左到右，从右到左，明末三十年是东林党和阉党对立，一起一伏，互相倾轧排陷，变幻莫测，陆离光怪的时代，圆海算是经过所有的风波，用左制右，附右排左，有时不左不右，自命中立，有时不管左右，一味乱咬，有时以东林孽子的道貌求哀于正人，有时又以魏珰干儿的色相求援于阉寺，“有奶便是娘，无官不可做”。于是扶之摇之，魏珰时代他做到太常少卿，马士英时代他做到兵部尚书兼右副都御史。最后是做了降敌的国贼，原形毕露。

明末三十年党争黑暗面的代表是阮圆海，和阮圆海形迹相类的还有几千百人。这一类人可名之曰阮圆海型。

三百年后的历史和三百年前当然不同。最大的不同是如今是人民的世纪，黑白不但分明，而且有人民在裁判。然而，阮圆海型的正人君子们还是车载斗量，朝秦暮楚，南辕北辙，以清流之面目，做市侩之营生：一变两变三变都已记在历史上了，最后的一变将由人民来判决。

阮圆海名大铖，安徽怀宁人，《明史》卷一〇八《奸臣传》有传。

债帅

债帅这一古典名词，始见《旧唐书》卷一六二《高瑀传》：

> 自大历（唐代宗年号，766—779）已来，节制之除拜，多出禁军中尉。凡命一帅，必广输重赂。禁军将校当为帅者，自无家财，必取资于人，得镇之后，则膏血疲民以偿之。及瑀之拜（忠武节度使，治河南许州），以内外公议，搢绅相庆曰：韦公（处厚）作相，债帅鲜矣。

到地方做掌军权的节度使，事先必须用钱报效禁军统帅、由宦官充当的神策中尉，即使你资历才能都合格，即使你清廉到儿女啼饥号寒，你没有钱，还是不济事，反之，只要有钱行贿，力可通神，资格才能都可不问，中尉一笑，旌节上门。因之，贪污的军官，由此道而升官统兵，可以大展搜括之鸿猷。不贪污的军官难甘寂寞，也只好向人借债，到任之后，再括军士括地皮还债。使贪者更贪，不贪者也非贪不可。闹得军士饿病，逃亡，闹得军纪扫地，军气消沉，闹得军队和人民对立，闹得民穷财尽，国亡家破。

唐代后期之国威不振，纪纲荡然，以至亡国，由于债帅。债帅之所以造成，决不是军事的，而是基本的政治的原因。

抚今怀古，不免对“债帅”一词低徊惋怅，想望韦处厚风采。

小民和巨室

明代中叶，一位很懂得政治道理的学者谢肇淛，在所著《五杂组》卷一三《事部》论小民和巨室说：

> 今之仕者，宁得罪于朝廷，无得罪于官长；宁得罪于小民，无得罪于巨室。得罪朝廷者，竟盗批鳞之名；得罪小民者，可施弥缝之术。惟官长、巨室，朝忤旨而夕报罢矣。欲吏治之善，安可得哉。

晚近得一精抄本，文字和刻本多有不同，这一段抄本作：

> 今之士大夫，应结欢于朝廷，无得罪于官长；宁得罪于人民，无得罪于巨室。结欢朝廷者可得召见之荣，得罪人民者可膺茅土之赏。惟官长巨室，朝忤旨而夕入营矣。欲使吏治之善，安可得哉！

生员论

家藏顾炎武《顾亭林文集》。虫蛀破损，卷一有三篇《生员论》分上中下，生字都蛀损了，不能找得善本补正。《生员论》中有一段妙文，足以发人深省，迻录如下：

> 天下之病民者有三：曰乡宦，曰生员，曰吏胥。是三者，法皆得以复其户而无杂泛之差，于是杂泛之差乃尽归于小民。今之大县至有生员千人以上者比比也。且如一县之地有十万顷，而生员之地五万，则民以五万而当十万之差矣；一县之地有十万顷，而生员之地九万，则民以一万而当十万之差矣。民地愈少，则诡寄愈多；诡寄愈多，则民地愈少，而生员愈重。富者行关节以求为生员，而贫者相率而逃且死，故生员之于其邑人，无秋毫之益，而有丘山之累。然而一切考试科举之费，犹皆派取之民，故病民

之尤者，生员也。

文中有几个地方需要注释：“复户”是享有特权免除公民义务，例如工役、军役以至完粮纳赋等义务。“杂泛之差”指人民的额外负担，例如运输买办，迎接以及款待官府，供应军队之类。“诡寄”的现代术语是“转嫁”，地主把自己应输的粮，应服的工役或兵役，用特殊方法派给小民负担，自己则置身事外，叫作诡寄，诡是用不正当的方法，寄是叫别人负担。“关节”是贿赂以及人情的雅称。“考试科举之费”，似乎可以解释为运动选举之费。

衍圣公和张天师

明王世贞《弇山堂别集》记明宪宗成化二年（1466）中国两个最有历史、最受朝野尊敬的家族族长的故事。第一个是孔子的嫡系子孙衍圣公孔弘绪：

> 三月癸卯，衍圣公孔弘绪坐奸淫乐妇四十余人，勒杀无辜四人，法当斩。诏以宣圣故，削爵为民，以弟弘泰代。

第二个是张道陵的嫡系子孙、正一嗣教大真人张元吉：

> 四月戊午，正一嗣教大真人张元吉坐僭用器物，擅易制书，强夺子女，先后杀平人四十余人，至有一家三人者。法当凌迟处死。下狱禁锢。寻杖一百，戍铁岭。而子玄庆得袭。元吉竟以母老放归。

一个在山东，一个在江西，生在同一时代，同一罪名，奸淫杀人，而且判决书上还写着杀的是无辜平民。都因为有好祖宗，不但不受法律处分，连官也不去，一个给兄弟，一个给儿子。这叫作法治？这叫作中国式的民主？

没有好祖宗，得硬攀一个。再不然，也得结一门好亲戚，此之谓最民主的国家之“国情有别”。

这两个故事也被记载在《明史》，不重引。

班禄惩贪

《通鉴》卷一三六：

太和八年(484)九月，魏诏，班禄以十月为始，季别受之。旧律，枉法十匹，义赃二十匹，罪死。至是，义赃一匹，枉法无多少，皆死（枉法谓受赇枉法而出入人罪者，义赃谓人私相馈遗，虽非乞取，亦计所受论赃）。仍分命使者，纠按守宰之贪者。秦、益二州刺史恒农李洪之以外戚贵显（魏显祖、高祖皆李氏出），为治贪暴，班禄之后，洪之首以赃败。魏主命锁赴平城，集百官亲临数之，犹以其大臣，听在家自裁。自余守宰坐赃死者四十余人，受禄者无不跼蹐，赇赂殆绝。……久之，淮南王佗奏请依旧断禄，文明太后召群臣议之，中书监高闾以为：饥寒切身，慈母不能保其子。今给禄，则廉者足以无滥，贪者足以劝慕；不给，则贪者得肆其奸，廉者不能自保。淮南之议，不亦谬乎！诏从闾议。

十三年六月，魏怀朔镇将汝阴灵王天赐，长安镇都大将、雍州刺史南安惠王桢，皆坐赃当死。冯太后及魏主临皇信堂，引见王公，太后令曰：卿等以为当存亲以毁令邪？当灭亲以明法邪？群臣皆言：二王，景穆皇帝之子，宜蒙矜恕。太后不应。魏主乃下诏，称：二王所犯难恕，而太皇太后追惟高宗孔怀之恩，且南安王事母孝谨，闻于中外，并特免死，削夺官爵，禁锢终身。

太和是北魏的盛世，细究上引两条史料，便可明白太和之所以治，是因为有一个法度。在这个法度之下，外戚犯法，处死刑；皇族犯法，则夺官爵，禁锢终身。虽然限于时代，限于议亲议贵的八议，毕竟亲也罢，贵也罢，还得照治亲治贵的法来办！存亲呢？毁法。明法呢？只得灭亲。一般阿谀无耻的小人虽然一味巴结，劝人主毁法，结果还是法度第一。此北魏太和之所以治，也是历代末叶之所以不治的主因。

次之，两件案子的主角都是贪污，而且主角都是皇亲皇族。在枉法无多死的大法之下，主角都受明刑处分。而且，法从上始，先从顶尖顶上的红人大员开刀，风行草偃，自然可以办到贿赂皆绝的地步！

次之，北魏在严刑惩贪之先，先有一个预备步骤，调整公务人员的薪给，使每一等级的官吏都可得到生活的保障。规定以前的旧账不算，以后，一发见贪污，立刻以大法从事，令出法随，毫不姑息。

假如历史也有点用处，一千五百年前的两件旧案子，不妨让人民多多研究。要办贪污，不必挑出科长、科员顶缸，而且和一千五百年前有点不同，现在的法律一律平等，八议谈不上，只要能行法从上始，杀一两打高高在上的主角，没收他们的家产作全国公务人员的生活补助费用，我们相信，今人不一定不如古人，也一定可以办到“纲纪修饬，赇赂殆绝”！

言官与舆论

清同治四年（1865），方宗诚在《光禄大夫吏部右侍郎王公（茂荫）神道碑》中曾指出咸丰朝的政治情形说：

> 时天下承平久，吏治习为粉饰因循，言官习为唯阿缄默，即有言多琐屑，无关事务之要。其非言官，则自以为吾循分尽职，苟可以寡过，进秩而已，视天下事若无与于己而不敢进一辞，酿为风气。军国大事，日即于颓坏而莫之省。

言官是过去历史上一种特殊制度，代表着士大夫——统治集团的舆论，专门照顾主子和这一集团的共同利益。从旧制度崩溃以后，代替皇帝做主子的是人民，代替言官的任务的是报纸，对象改变了。自然，报纸所发扬的舆论应该是照顾人民的利益。然而，今天的情形依然和咸丰朝一样，方宗诚的记载依然适合，试转为今典：

时天下乱离久，吏治习为粉饰因循，官与民争利，军需民为卫，幅壤日窄，而衙署日多，诛求之术，日精月进，梏桎之法，如环无端，钞币日增，民生日困，而报章习为唯阿缄默，巧为圆融传衍之说，即有言多琐屑，无关事务之要，其甚者则移于赇赂，惕于刑诛，不惜自绝于民，以逢迎弥缝谄办摇尾应声之态，为妻子儿女稻粱衣食之谋，敷粉弄姿，恬不知廉耻之为何物。其非任言责者，则自以为吾循分安命，明哲保身，俯仰随人，沉浮自适，视国家民族几若无与于己，拔一毛而不为，不愿进一言，不敢进一辞，酿为风气，军国大事，日即颓坏而不之省。呜呼！

家天下

过去国家的主人是皇帝，如今国家的主人是人民。

过去皇帝拥有大量的财富，人民挨饿。而今，人民中的少数特殊分子，拥有大量的财富，最大多数的人民挨饿。

过去是皇帝家天下，而今是少数特殊分子家天下。

家天下的解释是“我的不是你的，你的都是我的”。因为不论皇帝，不论少数特殊分子，所有财富的来源都是取之于民，然而，都不肯用之于民。皇帝的故事，试举一例。

明万历四十六年（1618），建州族努尔哈赤起兵，政府无钱增兵，《明史》说：

> 时内帑充积，帝靳不肯发。

户部只好取之于民，普加全国田赋，亩加三厘五毫，第二年又加三厘五毫，第三年又加二厘，通前后增加九厘，增赋银五百二十万两。

明万历四十七年（1619），军事局面危急，政府负责人杨嗣昌向皇帝呼吁：

> 今日见钱，户部无有，工部无有，太仆寺无有，各处直省地方无有。自有辽事以来，户部一议挪借，而挪借尽矣。一议加派，而加派尽矣。一议搜括，而搜括尽矣。有法不设，有路不寻，则是户部之罪。至于法已设尽，路已寻尽，再无银两，则是户部无可奈何，千难万苦，臣等只得相率恳请皇上将内帑多年蓄积银两，即日发出亿万，存贮太仓（国库），听户部差官星夜赍发辽东，急救辽阳。如辽阳已失，急救广宁，广宁有失，急救山海等处。除此见钱急着，再无别项处法。（《杨文弱先生集》卷二《请帑稿》）

话说得恳切到家，声泪俱尽，可是结果还是“我的不是你的”，辽阳、广宁等军略据点相继失守。

三百三十年后的中华民族的主人，百分之九十以上最穷最苦的人民都已尽了最大的财力的、人力的贡献，公务人员的收入，照比例已经贡献给国家百分之九十六了。然而，富人地主，以及资本家呢？三万万美金以及更多的南美洲的存款和产业呢？

取之于民而不肯用之于民的历史教训，1644年的朱明政权倾覆，和当时朝官显宦勋戚富人的被夹棍板子挤出几千万匹驮马的金银，终于不免一死，得罪子孙，贻羞青史，是值得穿针孔的人们多想想的。

主奴之间（一）

奴才有许多等级，有一等奴才，有二等奴才，也有奴才的奴才，甚至有奴才的奴才的奴才。

我们的人民，自来是被看作最纯良的奴才的，“不可使知之”，是一贯的对付奴才的办法，就是“民为邦本，本固邦宁”，和“民为贵，社稷次之，君为轻”一套话，虽然曾被主张中国式的民主的学者们，解释为民主、民权，以至民本等等，其实拆穿了，正是一等或二等奴才替主人效忠，要吃蛋当心不要饿瘦，或者杀死了母鸡，高抬贵手，留得青山在，不怕没柴烧，图一个长久享用的毒辣主意。证据是“有劳心，有劳力，劳心者食于人，劳力者食人”。老百姓应该养贵族，没有老百姓，贵族哪得饭吃！

老百姓是该贡献一切，喂饱主人的，其他的一切，根本无权过问，要不然，就是大逆不道。六百年前一位爽直的典型的主子、流氓头儿朱元璋曾毫不粉饰地说出这样的话，《明太祖实录》卷一五〇：

> 洪武十五年（1382）十一月丁卯，上命户部榜谕两浙江西之民曰：为吾民者当知其分。田赋力役出以供上者，乃其分也。能安其分，则保父母妻子，家昌身裕，斯为仁义忠孝之民，刑罚何由而及哉！近来两浙江西之民多好争讼，不遵法度，有田而不输租，有丁而不应役，累其身以及有司，其愚亦甚矣！曷不观中原之民，奉法守分，不妄兴词讼，不代人陈诉，惟知应役输租，无负官府，是以上下相安，风俗淳美，共享太平之福。以此较彼，善恶昭然。今特谕尔等，宜速改过从善，为吾良民，苟或不悛，则不但国法不容，天道亦不容矣！

“分”译成现代话，就是义务，纳税力役是人民的义务，能尽义务的是忠孝仁义之民。要不，刑罚一大套，你试试看。再不，你不怕国法总得怕天，连天地也不容，可见义务之不可不尽。至于义务以外的什么，现代人所常提的什么民权，政治上的平等，经济上的平等，等等，不但主子没有提，连想也没有想到。朱元璋这一副嘴脸，被这番话活灵活现地画出来了。

朱元璋为什么单指两浙江西的人民说，明白得很，这是全国的谷仓，人口也最稠密。拿这个比那个，也还是指桑骂槐的老办法。其实，中原之民也不见得比东南更奴化，不过为了对衬，这么说说而已。

主奴之间（二）

在古代，主子和奴才的等级很多，举例说，周王是主子，诸侯是奴才。就诸侯说，诸侯是主子，卿大夫又是他的奴才。就卿大夫说，卿大夫是主子，他的家臣是奴才。就家臣说，家臣是主子，家臣的家臣又是奴才。就整个上层的统治者说，对庶民全是主人，庶民是奴才，庶民之下，也还有大量的连形式上都是奴才的奴隶。

主奴之间的体系是剥削关系，一层吃一层，也就是一层养一层，等到奴才有了自觉，我凭什么要白养他，一层不肯养一层，愈下层的人愈多，正如金字塔一样，下面的础石不肯替上层驮起，哗啦一下，上层组织整个垮下来，历史也就走进一个新阶段了。

这时期主奴关系的特征，除了有该尽义务的庶民和奴隶以外，上层的主子（除王以外，同时又是奴才），全有土地的基础，大小虽不等，却都有世世继承的权利。跟着土地继承下来的是政治，社会上法律上的特殊的固定的地位。因之，所谓主奴只有相对的区分，都是土地领主，主子是大领主，奴才是小领主，也就是世仆。一层层互为君臣，构成一个剥削系统。

维护这个剥削系统的理论，叫作忠。一层服从一层，奴才应该养主子。在这系统将要垮的时候，又提出正名，君君臣臣父父子子，主子永远是主子，奴才永远是奴才。又提出尊王，最上层的主子被尊重了，下几层的主子自然也会同样被尊重，他们的利益就全得到保障。用现代话说，也就是维持阶级制度，维持旧时的剥削系统。

在这系统下，互为主奴的领主，在利害上是一致的，因之，主奴的形式的对立就不十分显明。而且，这金字塔式的系统，愈下层基础就愈宽，人数愈多，力量愈大，因之，在政治上，很容易走上君不君臣不臣、诸侯和王对立、卿大夫和诸侯对立、家臣和卿大夫对立的局面。

假如我们抛开后代所形成的君臣的观念，纯粹从经济基础来看上古时代的剥削系统，可以下这样一个结论，就是那时代的主奴关系，是若干小领主和大领主的关系。大小虽然不同，在领主的地位上说是一样的。而且，因为分割的缘故，名义上最大的领主，事实上反而占有土地最少。因之，他所继承的最高地位只是一个权力的象征，徒拥虚器。实权完全在他的奴才、分取他的土地的卿大夫手上，家臣手上。因之，主奴又易位了，奴才当家，挟天子以令诸侯，陪臣执国政，名义上的奴才是实质上的主人。

出主入奴，亦主亦奴？是主而奴，是奴而主，奴主之间，怕连他们自己也闹不十分清楚。

辑三

读史散记

本辑共收录七篇文章，具体如下：

《论贪污》，发表于《云南日报》，1943年11月14日，第2版；

《宋代的两次均产运动》，发表于昆明《民主周刊》，1945年2月24日，第1卷第10期；

《“社会贤达”钱牧斋》，发表于《中建》，1948年8月，第6卷第5期；

《论历史人物》，收录于《北京历史学会第一第二届年会论文选集（1961年 1962年）》，1964年5月；

《历史上君权的限制》《历史上政治的向心力和离心力》《说士》，此三篇文章最早收录于《历史的镜子》（东方学出版社，1945年11月），署名吴晗。最初发表的具体时间、刊物和署名待考。

论贪污

古语说：“无敌国外患者国恒亡。”这是历代相传的名言，颠扑不破的真理。其实，征之于过去的史实，这句话还可引申为：“内政修明而有敌国外患者国必不亡！”“内政不修而无敌国外患者国恒亡。”

内政不修的含义极广，举实例说明之。如政出多门，机构庞冗，横征暴敛，法令滋彰，宠佞用事，民困无告，货币紊乱，盗贼横行，水旱为灾等等都是，而最普遍、最传统的一个现象是贪污。这现象是“一以贯之”，上述种种实例都和她有母子关系，也可以说贪污是因，这些实例是果。有了这些现象才会有敌国外患，反之如政治修明，则虽有敌国外患也不足为患。

贪污这一现象，假如我们肯细心翻读过去每一朝代的历史，不禁令人很痛心地发现“无代无之”，竟是与史实同寿！

我们这时代，不应该再讳疾忌医了，更不应该蒙在鼓里夜郎自大了。翻翻陈账，看看历代覆亡之原，再针对现状，求出对症的药石，也许可以对抗建大业有些小补。

一部二十四史充满了贪污的故事，我们只能拣最脍炙人口的大人物举几个例，开一笔账，“豺狼当道，安问狐狸”！下僚小吏，姑且放开不谈。

过去历史上皇帝是国家元首，皇帝的宫廷财政和国家财政向来分开，但是有时候皇帝昏乱浪费，公私不分，以国产为私产，恣意挥霍，闹得民穷财尽，这种情形，史不绝书。最奇的是皇帝也有贪污的，用不正当的方法收受贿赂，例如汉灵帝和明神宗。汉灵帝为侯时常苦贫，及即位后，每叹桓帝不能作家居，曾无私钱，故卖官聚钱，以为私藏。光和元年（178），初开西邸卖官，二千石二千万，四百石四百万，公千万，郎五百万，富者先入钱，贫者到官然后倍输。崔烈入钱五百万拜司徒，拜日天子临轩，百僚毕会。灵帝忽然懊悔，和左右说，这官卖得上当，那时只要稍为措住一下，他会出一千万的。大将如段颎、张温虽然有功，也还是用钱贾，才能做三公。又收天下之珍货，每郡国贡献，先输内廷，名为导引费。又税天下田亩十钱修宫室，内外官迁除都先到西园讲价钱，大郡至二三千万，付了钱才能上任，关内侯值钱五百万。他把国库的金钱缯帛取归内府，造万金堂贮之，藏不下的寄存在小黄门常侍家。黄巾乱起，卒亡汉社。无独有偶，一千四百年后的明神宗也是爱钱胜过爱民的皇帝，他要增殖私产，到处派太监榷税采矿，大珰小监，纵横绎骚，吸髓饮血，以供进奉。有的称奉密旨搜金宝，募人告密；有的发掘历代陵寝，豪夺民产，所至肆虐，民不聊生。大小臣工上疏谏止的一概不理，税监有所纠劾的却朝上夕报，立得重谴。结果内库虽然金银山积，民间却被逼叛乱四起，所遣税监高淮激变于辽东，梁永激变于陕西，陈举激变于江夏，李奉激变于新会，孙隆激变于苏州，杨荣激变于云南，刘成激变于常镇，潘相激变于江西，瓦解土崩，民流政散。甚至遣使到菲律宾采金，引起误会，侨民被杀的至二万五千人。国库被挪用空乏，到了外患内乱迭起，无可应付时，请发内库存金，却靳靳不肯，再三催讨，才勉强发出一点敷衍面子。他死后，不过二十多年，明朝就亡国了，推原根本，亡国的责任应该由他的贪污行为负责。

皇后贪污亡国的，著名的例子有五代唐庄宗的刘后。刘后出身寒微，既贵，专务蓄财，薪蔬果茹，都贩鬻充私房，到了做皇后时，四方贡献，分作两份，一上天子，一上中宫，又广收货赂，营私乱政，宫中宝货山积，皇后的教和皇帝的制敕并行，藩镇奉之如一。邺都变起后，仓储不足，军士有流言，政府请发内库金帛给军，庄宗要答应，她却说自有天命，不必理会。大臣再三申论，她拿出妆具和三个银盆，又叫三个皇子出去说，人家说宫中蓄积多，不知都已赏赐完了，只留下这些，请连皇子卖了给军士吧。到庄宗被弑后，她却打叠珍宝驮在马鞍上，首先逃命。余下带不走的都被乱军所得。

大臣贪污乱国的更是指不胜屈，著例如唐代的杨国忠、元载，宋代的秦桧、贾似道，明代的严嵩，清代的和珅。史书记元载籍没时单胡椒一项就有八百斛，钟乳五百两。严嵩的家产可支军饷数年，籍没时有黄金三万余两、白金二百余万两，其他珍宝不可胜计，隐没未抄的不可计数。和珅的家产可以供给全国经费二十年，以半数就够付清庚子赔款。

太监得君主信任的，财产的数目也多得惊人。例如明代的王振。籍没时有金银六十余库，玉盘百，珊瑚高六七尺者二十余株。刘瑾擅权不过六七年，籍没时有大玉带八十束，黄金二百五十万两，银五千万余两，其他珍宝无算。

一般官僚的贪污情形，以元朝末年作例。当时上下交征，问人讨钱，各有名目，所属始参曰拜见钱，无事白要曰撒花钱，逢节曰追节钱，生辰曰生日钱，管事而索曰常例钱，送迎曰人情钱，勾追曰赍发钱，论诉曰公事钱。觅得钱多曰得手，除得州美曰好地，补得职近曰好窠。遇事要钱，成为风气，种下了亡国的祸根。

武人的贪污在历史上也不能例外，有个著名的故事说，五代时有一个军阀被召入朝，百姓喜欢极了，说是从今拔去眼中钉了，不料这人在朝廷打点花了大钱，又回旧任，下马后即刻征收“拔钉钱”。又有一军阀也被召入朝，年老的百姓都摸摸胡子，会心微笑，这人回任后，也向百姓要“摸胡子钱”。

上下几千年，细读历史，政简刑清，官吏廉洁，生民乐业的时代简直是黄钟大吕之音，少得可怜。史家遇见这样稀觏的时代，往往一唱三叹，低徊景仰而不能自已。

历朝的政治家用尽了心力，想法子肃清贪污，树立廉洁的吏治，不外两种办法，第一种是厚禄，他们以为官吏之所以不顾廉耻，倒行逆施，主要原因是禄不足以养廉，如国家所给俸禄足够生活，则一般中人之资，受过教育的应该知道自爱。如再违法受赃，便是自暴自弃，可以重法绳之。第二种是严刑，国家制定法令，犯法的立置刑章，和全国共弃之。前者例如宋，后者例如明初。

宋代官俸最厚，京朝官袍月俸，有春冬服（绫绢绵），有禄粟，有职钱，有元随傔人衣粮傔人餐钱。此外又有茶酒厨料之给，薪蒿炭盐诸物之给，饲马刍粟之给，米面羊口之给。外官则别有公用钱，有职田。小官无职田者别有茶汤钱，给赐优裕，入仕的人都可得到生活的保障，不必顾念身家，一心一意替国家做事。一面严刑重法，凡犯赃的官吏都杀无赦，太祖时代执法最严，中外官犯赃的一定弃市。太宗时代也还能维持这法令，真宗时从轻改为杖流海岛。仁宗以后，姑息成风，吏治也日渐腐败，和初期的循良治行不可同日而语了。明代和宋代恰好相反，明太祖有惩于元代的覆败，用重刑治乱国，凡贪官污吏重则处死，轻也充军或罚作苦工，甚至立剥皮之刑，一时中外官吏无不重足屏息，奉公畏法，仁宣两代继以宽仁之治，一张一弛，倒也建设了几十年的清明政治。正统以后，情形便大不相同了，原因是明代官俸本来不厚，洪武年代还可全支，后来便采用折色的办法，以俸米折钞，又以布折俸米，朝官每月实得米不过一二石，外官厚者不过三石，薄的一石二石，其余都折钞布，钞价贬值到千分之二三，折算实收一个正七品的知县不过得钱一二百文。仰无以事父母，俯无以蓄妻子，除了贪污，更无别的法子可想。这情形政府当局未尝不了解，却始终因循敷衍，不从根本解决，上下相蒙，贪污成为正常风气，时事也就不可问了。

由于上述两个例子，宋代厚禄，明初严刑，暂时都有相当效果，却都不能维持久远（但是比较地说，宋代一般的吏治情形要比明代好一点）。原因是这两个办法只能治标，对贪污的根本原因不能发生作用。治本的唯一办法，应该从整个历史和社会组织去理解。

一直到今天为止，我们的政治，我们的社会组织，我们的文化都是以家族为本位的。在农村里聚族而居，父子兄弟共同劳作，在社会上工商也世承其业，治国平天下的道理也从修身齐家出发。孝友睦姻是公认的美德，几代同居的大家族更可以夸耀乡党。做官三辈爷，不但诰封父母，荫及妻子，连亲戚乡党也鸡犬同升。平居父诏其子、兄诏其弟以做官发财，亲朋也以此相勉，社会也以此相钦羡，“个人”在这环境下不复存在，一旦青云得路，父族妻族儿女姻戚和故旧乡里都一拥而来，禄薄固不能支给，即禄厚又何尝能够全部应付，更何况上官要承迎，要人要敷衍，送往迎来，在在需钱！如不贪污，非饿死冻死不可！固然过去也有清官，清到儿女啼饥号寒，死后连棺材也买不起的，也有做官一辈子，告休后连住屋也没有一间的。可是这类人并不多，一部正史的循吏传也不过寥寥十数人而已。而且打开天窗说亮话，这些人之所以做清官，只是用礼法勉强约束自己，有一个故事说某一清官对人说钱多自然我也喜欢，只是名节可畏，正是一个好例。

根据这个理解，贪污的根绝，治本的办法应该是把“人”从家族的桎梏下解放出来。个人生活的独立，每一个人都为工作而生存，人与人之间无倚赖心。从家族本位的社会组织改变为个人本位的社会组织，自然，上层的政治思想文化也都随而改变。“人”能够独立存在以后，工作的收入足够生活，法律的制裁使他不愿犯禁，厚禄严刑，交互为用，社会上有公开的舆论指导监督，政府中有有力的监察机关举劾纠弹，“衣食足而知荣辱”，贪污的肃清当然可操左券。

历史上君权的限制

近四十年来，坊间流行的教科书和其他书籍，普遍的有一种误解，以为在民国成立以前，几千年来的政体全是君主专制的，甚至全是苛暴的、独裁的、黑暗的，这话显然有错误。在革命前后持这论调以攻击君主政体，固然是一个合宜的策略。但在现在，君主政体早已成为历史陈迹的现在，我们不应厚诬古人，应该平心静气地还原其本来的面目。

过去两千年的政体，以君主（皇帝）为领袖，用现代话说是君主政体，固然不错，说全是君主专制却不尽然。至少除开最后明清两代的六百年，以前的君主在常态上并不全是专制。苛暴的、独裁的、黑暗的时代，历史上虽不尽无，但都可说是变态的、非正常的现象。就政体来说，除开少数非常态的君主个人的行为，大体上说，一千四百年的君主政体，君权是有限制的，能受限制的君主被人民所爱戴。反之，他必然会被倾覆，破家亡国，人民也陪着遭殃。

就个人所了解的历史上的政体，至少有五点可以说明过去的君权的限制，第一是议的制度，第二是封驳制度，第三是守法的传统，第四是台谏制度，第五是敬天法祖的信仰。

国有大业，取决于群议，是几千年来一贯的制度。春秋时子产为郑国执政，办了好多事，老百姓不了解，大家在乡校里纷纷议论，有人劝子产毁乡校，子产说，不必，让他们在那里议论吧，他们的批评可以做我施政的参考。秦汉以来，议成为政府解决大事的主要方法，在国有大事的时候，君主并不先有成见，却把这事交给廷议，廷议的人员包括政府的高级当局如丞相、御史大夫及公卿列侯二千石以至下级官，如议郎、博士以及贤良文学。谁都可以发表意见，这意见即使是恰好和政府当局相反，可以反复辩论不厌其详，即使所说的话是攻击政府当局。辩论终了时理由最充分的得了全体或大多数的赞成（甚至包括反对者），成为决议，政府照例采用作为施政的方针。例如汉武帝以来的榷酤政策，政府当局如御史大夫桑弘羊及丞相等官都主张继续专卖，民间都纷纷反对，昭帝时令郡国举贤良文学之士，问以民所疾苦，教化之要。皆对曰，愿罢盐铁榷酤均输官，无与天下争利。于是政府当局以桑弘羊为主和贤良文学互相诘难，词辩云涌，当局几为贤良文学所屈，于是诏罢郡国榷酤、关内铁官，宣帝时桓宽推衍其议为《盐铁论》十六篇。又如汉元帝时珠崖郡数反，元帝和当局已议定，发大军征讨，待诏贾捐之上疏独以为当罢郡，不必发军。奏上后，帝以问丞相、御史大夫，丞相以为当罢，御史大夫以为当击，帝卒用捐之议，罢珠崖郡。又如宋代每有大事，必令两制侍从诸臣集议，明代之内阁、六部、都察院、通政司、六科诸臣集议，清代之王大臣会议，虽然与议的人选和资格的限制，各朝不尽相同，但君主不以私见或成见独断国家大政，却是历朝一贯相承的。

封驳制度概括地说，可以分作两部分。汉武帝以前，丞相专决国事，权力极大，在丞相职权以内所应做的事，虽君主也不能任意干涉。武帝以后，丞相名存职废，光武帝委政尚书，政归台阁，魏以中书典机密，六朝则侍中掌禁令，逐渐演变为隋唐的三省制度，中书、门下、尚书三省的职权是中书取旨，门下封驳，尚书施行，中书省有中书舍人掌起草命令，中书省在得到君主同意或命令后，就让舍人起草，舍人在接到词头（命令大意）以后，认为不合法的便可以缴还词头，不给起草。在这局面下，君主就得改换主意。如坚持不改，也还可以第二次第三次发下，但舍人仍可第二次第三次退回，除非君主罢免他的职务，否则，还是拒绝起草。著例如宋仁宗时，富弼为中书舍人封还刘从愿妻封遂国夫人词头。门下省有给事中专掌封驳，凡百司奏钞，侍中审定，则先读而署之，以驳正违失，凡制敕宣行，大事覆奏而请施行，小事则署而颁之，其有不便者，涂窜而奏还，谓之涂归。著例是唐李藩迁给事中，制有不便，就制尾批却之，吏惊请联他纸，藩曰，联纸是牒，岂得云批敕耶。这制度规定君主所发命令，得经过两次审查，第一次是中书省专主起草的中书舍人，他认为不合的可以拒绝起草，舍人把命令草成后，必须经过门下省的审读，审读通过，由给事中签名副署，才行下到尚书省施行。如被封驳，则此事便当作为罢论。这是第二次也是最后一次的审查。如两省官都能称职，坚定地执行他们的职权，便可防止君主的过失和政治上的不合法行为。从唐到明，这制度始终为政府及君主所尊重，在这个时期内君权不但有限制，而且其限制的形式，也似乎不能为现代法西斯国家所接受。

法有两种，一种是成文法，即历朝所制定的法典；一种是不成文法，即习惯法，普通政治上的相沿传统属之。两者都所以纲纪政事，维持国本，凡是贤明的君主必得遵守，不能以喜怒爱憎，个人的感情来破法坏法。即使有特殊情形，也必须先经法的制裁，然后利用君主的特赦权或特权来补救。著例如汉文帝的幸臣邓通，在帝旁有怠慢之礼，丞相申屠嘉因言朝廷之礼不可以不肃，罢朝坐府中檄召通到丞相府，不来且斩。通求救于帝，帝令诣嘉，免冠顿首徒跣谢。嘉谓小臣戏殿上，大不敬当斩，吏今行斩之。通顿首首尽出血不解。文帝预料丞相已把他困辱够了，才遣使向丞相说情，说这是我的弄臣，请你特赦他。邓通回去见皇帝，哭着说丞相几杀臣。又如宋太祖时有群臣当迁官，太祖素恶其人不与，宰相赵普坚以为请。太祖怒曰，朕固不为迁官，卿若之何！普曰，刑以惩恶，赏以酬功，古今通道也，且刑赏天下之刑赏，非陛下之刑赏，岂得以喜怒专之。太祖怒甚起，普亦随之，太祖入宫，普立于宫门口，久久不去，太祖卒从之。又如明太祖时定制，凡私茶出境，与关隘不讥者并论死，驸马都尉欧阳伦以贩私茶依法赐死（伦妻安庆公主为马皇后所生）。类此的传统的守法精神，因历代君主的个性和教养不同，或由于自觉，或由于被动，都认为守法是做君主的应有的德行，君主如不守法则政治即失常轨，臣下无所准绳，亡国之祸，跷足可待。

为了使君主不做错事，能够守法，历朝又有台谏制度。台是御史台，主要的职务是纠察官邪，肃正纲纪，但在有的时代，御史亦得言事，谏是谏官，有谏议大夫，左右拾遗、补阙及司谏、正言等官，分属中书、门下两省（元废门下，谏职并入中书；明废中书，以谏职归给事中兼领）。台谏以直陈主失、尽言直谏为职业，批龙鳞、捋虎须，如沉默不言，便为失职，史记唐太宗爱子吴王恪好畋猎，损居人田苗，侍御史柳范奏弹之，太宗因谓侍臣曰："权万纪事我儿，不能匡正，其罪合死。"范进曰："房玄龄事陛下，犹不能谏正畋猎，岂可独坐万纪乎？"又如魏徵事太宗，直言无所避。若谏取已受聘女，谏在层观望昭陵，谏怠于业谏，谏作疏前宫，太宗无不曲意听从，肇成贞观之治。宋代言官气焰最盛，大至国家政事，小至君主私事无不过问。包拯论事仁宗前，说得高兴，唾沫四飞，仁宗回宫告诉妃嫔说，被包拯唾了一面。言官以进言排箴为尽职，人君以受言改过为美德，这制度对于君主政体的贡献可说很大。

两汉以来，政治上又形成了敬天法祖的信条，敬天是适应自然界的规律，在天人合一的政治哲学观点上，敬天的所以育人治国，法祖是法祖宗成宪，大抵开国君主的施为，因时制宜，着重在安全秩序保持和平生活。后世君主，如不能有新的发展，便应该保守祖宗成业，不使失坠。这一信条，在消极方面说，固然是近千年来我民族颓弱落后的主因，但在积极方面说，过去的台谏官却利用以劝告非常态的君主，使其安分，使其不做意外的过举。因为在理论上君主是最高的主宰，只能抬出祖宗，抬出比人君更高的天来教训他，才能措议，说得动听。此类的例子不可胜举，例如某地闹水灾或旱灾，言官便说据五行水是什么，火是什么，其灾之所以成是因为女谒太盛，或土木太侈，或奸臣害政，君主应该积极采取相对的办法斥去女谒，罢营土木，驱诛奸臣，发赈救民。消极的应该避殿减膳、停乐素服，下诏引咎求直言以应天变。好在大大小小的灾异，每年各地总有一些，言官总不愁无材料利用，来批评君主和政府，再不然便引用祖宗成宪或教训，某事非祖宗时所曾行，某事则曾行于祖宗时，要求君主之改正或奉行。君主的意志在这信条下，多多少少为天与祖宗所束缚，不敢做逆天或破坏祖宗成宪的事。两千年来只有一个王安石，他敢说“天颜不足畏，祖宗不足法，人言不足恤”，除他以外，谁都不敢说这话。

就上文所说，国有大事，君本无适无莫，虚心取决于群议。其命令有中书舍人审核于前，有给事中封驳于后，如不经门下副署，便不执行下尚书省。其所施为必须合于法度，如有违失，又有台谏官以近臣之地位，从中救正，或谏止于事前，或追论于事后，人为之机构以外，又有敬天法祖之观念，天与祖宗同时为君权之约束器。在这样的君主政体下，说是专制，固然不尽然；说是独裁，尤其不对；说是黑暗或苛暴，以政治史上偶然的畸形状态，加上于全部历史，尤其不应该。就个人所了解，六百年以前的君权是有限制的，至少在君主不肯受限制的时候，还有忠于这个君主的人敢提出指责，提出批评。近六百年来，时代愈进步，限制君权的办法逐渐被取消，驯至以桀纣之行，文以禹汤文武之言，诰训典谟，连篇累牍，“朕即国家”和西史暴君同符。历史的覆辙，是值得读史的人深切注意的。

历史上政治的向心力和离心力

历史上有若干时代，军权、政权、法权、财权一切大权，始终握于中央政府之手，各级地方政府唯唯听命。中央之于地方，犹躯干之于手足，令出必行；地方之于中央，犹众星之拱北辰，环侍唯谨。例如宋代、明代。

也有若干时代，中叶以后，大权旁落，地方政府自成单位，其强大者更是操纵中枢，形成尾大不掉之势。中枢政令只及于直属的部分。枝强干弱，失去均衡。例如汉末、六朝和唐的后期、清的后期。

前者用科学的术语说，我们叫它作政治上的向心力时代，用政治上的术语说，可叫作中央集权时代。后者则是政治上的离心力时代，也可叫作地方分权时代。为避免和现代的政治术语混淆起见，我们还是用向心力和离心力这两个名词较为妥当。

要详细说明上举几个不同时代的各方面情形，简直是一部中国政治史，颇有不知从何处说起之苦，并且篇幅也不容许。我们不妨用简笔画的办法，举几个有趣的例子来说明。办法是看那个时代人愿意在中央做事，还是在地方做事，前者举宋朝做例，后者举唐朝做例。

宋承五代藩镇割据之后，由大分裂而一统。宋太祖采用谋臣赵普的主意，用种种方法收回地方的兵权、政权、法权、财权。中央直属的军队叫禁军，挑选全国最精锐的军人组成，战斗力最强，挑剩的留在地方的叫厢军，全国各地的厢军总数才和禁军的总数相等，以此在质、量两方面禁军都超过地方军。各地方政府的长官也都直接由中央任免。地方的司法和财政也都有中央派专使，提点刑狱公事和转运使直辖。府县的长官大部分都带有在中央服务的职名，任满后仍须回中央供职，到地方做事只算是出差（差遣）。在这一个系统之下，就造成了政治上的向心力。宋代的各级官吏，都以到地方服务为回到中央供职的过程，内外虽迭用，但最后的归结还是台阁监寺以至两地。如地位已到了台阁侍从，则出任州守，便算谴谪。反之由外面内召，能到曹郎，便是美迁。“故仕人以登台阁、升禁从为显宦，而不以官之迟速为荣滞；以差遣要剧为贵途，而不以阶、勋、爵邑有无为轻重”。一般士大夫大多顾恋京师。轻易不肯离去阙下，叶梦得《避暑录话》记有一则范纯仁的故事说：

范尧夫每仕京师，早晚二膳，自己至婢妾皆治于家，往往镌削，过为简俭，有不饱者，虽晚登政府亦然。补外则付之外厨，加料几倍，无不厌。余或问其故，曰：人进退虽在己，然亦未有不累于妻孥者。吾欲使居中则劳且不足，在外则逸而有余，故处吾左右者，朝夕所言，必以外为乐，而无顾恋京师之意，于吾亦一佐也。前辈严于出处，每致其意如此。

范尧夫是哲宗时的名臣名相，尚且以克削饮食的手段，来节制出处，可见当时一般重内轻外的情形。南渡后半壁江山，政治重心却仍因制度的关系，维系在朝廷，外官纷纷要求京职。《宋会要辑稿》卷九五《职官》六〇之三〇：

绍兴九年五月二十三日，殿中侍御史周英言：……士大夫无安分效职之心，奔走权势，惟恐不及，职事官半年不迁，往往有滞淹之叹。

又卷一〇六《职官》七九之一二：

> 庆元二年十月十四日，臣僚言，近日监司、帅守到任之后，甫及半考，或几一年，观风问俗，巡历未周，承宣流化，抚字未遍，即致书当路，自述劳绩，干求庙堂，经营召命。
>
> 四年八月二十四日，臣僚言，比年以来，州县官吏，奔竞躁进，相师成风，嘱托请求，恬不知耻，贿赂杂沓于往来之市，竿牍旁午于贵要之门，上下玩习，不以为怪。故作县未几即求荐，以图院辖。作倅未几即求荐，以图作州。作州未几，即求荐以图持节。既得节矣，复图职名；得职名矣，复图召命。

以上二例，固然是政治的病态，却也可看出这时代向心力的程度。

再就唐代说，安史之乱是一个路标，乱前内重外轻，乱后内轻外重。乱前的府兵属于国家，乱后节镇兵强，中央衰弱。乱前官吏任免由朝廷，乱后地方多自辟僚属，墨版假授。乱前财政统一，乱后财赋有留州留使，仅上供是朝廷的收入。乱前中央官俸厚，地方官俸薄，乱后恰好相反。至于河北山东割据的藩镇，则索性一切自主，完全和中央无干。乱前士大夫多重内官，轻外职。此种风气，唐初已极显著，贞观十一年（637）马周上疏即提到这问题，他说：

> 今朝廷独重内官，刺史县令，颇轻其选。刺史多是武夫勋人，或京官不称职，方始外出。边远之处，用人更轻。所以百姓未安，殆由于此。（《唐会要》卷六八《刺史》上）

长安四年（704）李峤也上疏说：

> 安人之方，须择刺史。窃见朝廷物议，莫不重内官，轻外职，每除牧伯，皆再三披诉。比来所遣外任，多是贬累之人，风俗不澄，实由于此。（《唐会要》卷六八《刺史》上）

神龙元年（705）赵冬曦也说：

> ［今］京职之不称者，乃左为外任，大邑之负累者，乃降为小邑，近官之不能者，乃迁为远官。（《唐会要》卷六八《刺史》上）

直至开元九年（721）源乾曜还说：

臣窃见势要之家，并求京职，俊乂之士，出任外官，王道均平，不合如此。（《唐会要》卷五三）

这种畸轻畸重的形势，深为当时有识的政治家所忧虑。唐太宗以此自简刺史，令五品以上京官举县令一人。武后时台阁近臣分典大州，中宗时特敕内外官，玄宗时源乾曜请出近臣子弟为外官，都想矫正这种弊端。不过全无用处，外官之望京职，有如登仙。《新唐书·倪若水传》：

开元初为中书舍人，尚书右丞，出为汴州刺史……时天下久平，朝廷尊荣。

人皆重内任，虽自冗官擢方面，皆自谓下迁。班景倩自扬州采访使入为大理少卿，过州，若水饯于郊，顾左右曰：班公是行若登仙，吾恨不得为驺仆！

等到“渔阳鼙鼓动地来”，胡笳一声，立刻把这一种向心力转为相反的离心力。

《新唐书·李泌传》说：

（贞元三年）是时，州刺史月俸至千缗，方镇所取无艺，而京官禄寡薄。自方镇入八座，至谓罢权。薛邕由左丞贬歙州刺史，家人恨降之晚。崔祐甫任吏部员外，求为洪州别驾。使府宾佐有所忤者，荐为郎官，其当迁台阁者，皆以不赴取罪去。泌以为外太重，内太轻，乃请随官闲剧，普增其俸，时以为宜：而窦参多沮乱其事，不能悉如所请。

元和时（806—820），李鄘为淮南节度使，内召做相，至祖道泣下，固辞不就。《新唐书》本传：

（吐突）承璀归，数称荐之，召拜门下侍郎，同中书门下平章事。鄘不喜由宦幸进，及出祖，乐作泣下，谓诸将曰：吾老安外镇，宰相岂吾任乎？至京师，不肯视事，引疾固辞。

这情形恰好是乱前乱后绝妙的对照。士大夫都营求外任，不肯赴阙，人才分散在地方，政府无才可用，末期至用朱朴、郑綮做相，“履霜坚冰至”其由来也渐矣。

明代政治组织较前代进步，内阁决大政，六部主庶务，都督府司兵籍，都察院司弹劾监察，官无虚设，职与事符。并且卫军全属于国家，地方无私兵。地方政府的组织也较前代简单而严密，严格说只有府县两级，均直属中央。原来的三司（布政使司、按察使司、都指挥使司）皆带使名，以中央官外任，后来增设巡抚，也是以中央大员出巡。总督主两省以上的军务，事定即罢士大夫以内召为宠命。诏书一下，全国上下奉行唯谨。清代因承明制，却有一部分没有学到家，总督军务成为地方常设的经制的疆吏，权限过大过重，前期国势强盛，尚可以一纸命令节制调动。中叶以后，八旗军力衰弱，代以绿营，洪杨乱起，绿营不能用，复代以练勇。事定后，各省疆吏拥兵自重，内中淮军衍变的北洋系，尤自成一系统，潜势力可以影响国政，义和团乱起，南方各省疆吏竟成联省自立的局面。中央政令不行，地方形同割据。革命起后，北洋系的军人相继当国，形成十六年割据混战的局面。在这期间，政治上的离心力大过向心力，一般知识分子，多服务于地方，人才分散。我们回顾这两千年的专制政治，无论向心或者离心，都是以独夫之心，操纵数万万人之事。而历朝皇帝，都生怕天下把得不稳，于是大量引用戚族，举全国人的血汗，供一家之荣华富贵，荒淫奢侈。自今而后，我们需要向心，我们更需要统一，但我们必须向心于一个民主的政权，我们必须统一于一个民主的政府之下。

说士

现代词汇中的军人一名词，在古代叫作士，士原来是又文又武的，文士和武士的分立，是唐以后的事。

在春秋时代，金字塔形的统治阶级，王诸侯大夫以下的阶层就是士，士和以上的阶层比较，人数最多，势力也最大。其下是庶民和奴隶，是劳力者，是小人，应该供养和侍候上层的君子。王诸侯大夫都是不亲庶务的，士介在上下层两阶级之间，受特殊的教育，在平时是治民的官吏，在战时是战争的主力。就上层的贵族阶级说，是维持治权的唯一动力，王诸侯大夫如不能得到士的支持，不但政权立刻崩溃，自家也不能保全。就下层的民众说，士又是庶政的推动和执行人，他们当邑宰，管理租赋，审判案件（以此，士这名词又含有司法官的意义，有的时候也叫作士师），维持治安，当司马管理军队，当贾正管理商人，当工正管理工人，和民众的关系最为密切，因之又惯常和民众联在一起，就职业的区分，士为四民之首，其下是农工商。再就教育的程度和地位说，士和大夫最为接近，因之士大夫也就成为代表相同的教育程度和社会地位的一个专门名词。

士在政治上社会上负有特殊任务，在四民中独享教育的特权。为着适应士所负荷的业务，课程分作六种，称为六艺：礼、乐、射、御、书、数。内中射御是必修科，其他四种次之。射是射箭和战争技术的训练。御是驾车，在车战时代，这一门功课也是非常重要之学。乐是音乐，是调剂生活和节制情感的工具，士无故不辍琴瑟，孔子在齐闻韶，三月不知肉味的故事，正可以代表古代士大夫对于音乐的爱好和欣赏的能力。奏乐时所唱的歌词是诗，在外交或私人交际场合，甚至男女求爱时，都可用唱词来表达自己的意思，这些诗被记录下来，保存到现在的叫《诗经》。书是写字，数是算数，要当一个政府或地方官吏，这两门功课也是非学不可的。

士不但受特殊的教育训练，也受特殊的精神训练。过去先民奋斗的史迹，临难不屈，见危授命，牺牲小我以保全邦国的可歌可泣的史诗，和食人之禄忠人之事的理论，深深印入脑中。在这两种训练下，养成了他们的道德观念——忠，忠的意义是应该把责任看得重于生命，荣誉重于安全，在两者发生冲突时，毫不犹豫牺牲生命或安全，去完成责任，保持荣誉。

在封建时代，各国并立，士的生活由他的主人诸侯或大夫所赐的田土维持，由于这种经济关系，士只能效忠于主人。到了秦汉的统一的大帝国成立以后，诸侯、大夫这一阶层完全消灭，士便直属于君主，属于国家，忠的对象自然也转移到对君主对国家了。士分为文武以后，道德观念依然不变，几千年以来的文士和武士，轰轰烈烈，为国家为民族而斗争，而流血，而牺牲，不屈不挠，前仆后继，悲壮勇决的事迹，史不绝书。甚至布衣白丁、匹夫老妪、补锅匠、卖菜佣、乞丐妓女，一些未受教育的平民百姓，在国家危急时，也宁愿破家杀身，不肯为敌人所凌辱，这种从上到下，几千年来的一贯信念，是我国的立国精神，是我中华民族始终昂然永存，历经无数次外患而永不屈服，终能独立自主的真精神。

士原来受文事武事两种调练，平时治民，战时治军，都是本分。春秋时代列国的卿大夫，一到战时便统率军队作战，前方后方都归一体（晋名将郤縠以敦诗书礼乐见称，是个著例）。到战国时代，军事渐趋专业化，军事学的著作日益增多，军事学家、战术家、战略家辈出，文官和军人渐渐开始分别，可是像孟尝君、廉颇、吴起等人，也还是出将入相，既武且文。汉代的大将军、车骑将军、前将军、后将军都是内廷重臣，遇有征伐时，将军固然应该奉命出征，外廷的大臣如御史大夫和九卿也时常以将军号统军征伐，而且文武互用，将军出为外廷文官，外廷文臣改官将军，不分畛域，末年如曹操、孙权都曾举孝廉，曹操横槊赋诗，英武盖世，诸葛亮相蜀，行军时则为元帅，虽然有纯粹的职业军人如吕布、许褚之流，纯粹的文人如华歆、许靖之流，在大体上仍是文武一体。一直到唐代李林甫当国以前，还是边帅入为宰相，宰相出任边帅，内外互用，文武互调。

李林甫做宰相以后，要擅位固宠，边疆将帅多用胡人，胡人不识汉字，虽然立功，也只能从军阶爵邑上升迁，不能入主中枢大政，从此文武就判为两途。安史乱后的郭子仪，奉天功臣李晟，虽然名义上都是宰相，都是汉人，都通文义，却并不与闻政事，和前期李靖、李绩出将入相的情形完全不同了。经过晚唐、五代藩镇割据之乱，宋太祖用全力集权中央，罢诸将军权，地方守令都以文士充任，直隶中枢，文士治国，武士作战，成为国家用人的金科玉律，由之文士地位日高，武士地位日低，一味重文轻武的结果，使宋朝成为历史上最不武的时代。仁宗时名将狄青南北立功，做了枢密使，一些文士便群起攻击，逼使失意而死。南宋初年的岳飞致力恢复失地，也为宰相秦桧所诬杀。文武不但分途，而且成为对立的局面。明代文武的区分更是明显，文士任内阁部院大臣，武士任官都督府卫所，遇着征伐，必以文士督师，武士统军陷阵，武士即使官为将军总兵，必到兵部辞见时，对兵部尚书必须长跪。能弯八石弓，不如识一丁字，一般青年除非科举无望，才肯弃文就武。致武士成为只有技勇膂力而无智识教养的人，在社会上被目为粗人，质量日低，声誉日降，偶尔有一两个武士能通文翰吟咏，便群相惊诧，以为儒将。偶尔有一两个武士发表对当前国事的意见，便群起攻击，以为干政。结果武士自安于军阵，本来无教养学识的，以为军人的职责只是作战，不必求学识。这种心理的普遍化，使上自朝廷，下至闾巷，都以武士不文为当然，为天经地义。武士这一名词省去下一半，武而不士，只好称为武人了。

近百年来的外患，当国的文士应该负责，作战的武士，亦应该负责。七年来的艰苦作战，文士不应独居其功，大功当属于前线流血授命的武士。就史实所昭示，汉唐之盛之强，宋明之衰之弱，士的文武合一和分立，殆可解释其所以然。古代对士的教育和训练，应加以重视，尤其应该着重道德观念——对国家对民族尽责的精神的养成。提高政治水平，为什么而战和有所不为，彻头彻脑明白战争的意义。要提高士的社会地位，必须文事和武事并重，必须政治水平和社会地位提高，这是今后全国所应全力以赴的课题。

宋代的两次均产运动

10世纪末期（993—995）四川成都平原爆发了伟大的农民均产运动。

12世纪初期（1130—1135）湖南洞庭湖一带产米区又爆发了和上次意义相同的运动。

在地主官僚贵族的高压的统治之下，有组织的正规军，犀利的武器，加上全国的财力，这两次均产运动当然是被“肃清”了。失败的鲜血在历史上写下了辉煌的一页。

宋代这两次失败的运动之所以值得现代人特别研究，是因为他们提出了明显的经济的政治的要求、改革的方案、具体的实践，是自觉的人民的呼声，是人民的历史的一章。

第一次的均产运动，宋李攸《宋朝事实》卷一七记：

> 淳化四年（993），青城县民王小波，聚徒起而为乱。

谓其众曰：吾疾贫富不均，今为汝均之。贫民附者益众。先是国家平孟氏（昶）之乱，成都府库之物，悉载归于内府。后来任事者竞功利，于常赋外，更置博买务，禁商旅不得私市布帛。蜀地土狭民稠，耕稼不足以给，由是群众起而为乱。

说明了刺激这个运动的两个政治经济的因素，第一是宋军平蜀，把蜀中的财富都当作战利品运到开封；第二是新治权的统制商业行为，使人民生活陷于绝境。这两个因素造成了蜀人的心理反抗，不甘于被征服者奴役、剥削，起来要求经济上的均等和政治上的解放。

宋王辟之《渑水燕谈录》所记大体相同，他说：

本朝王小波、李顺、王均辈，啸聚西蜀，盖朝廷初平孟氏，蜀之帑藏，尽归京师。其后言利者争述功利，置博易务，禁私市。商贾不行，蜀民不足，故小波得以激怒其人曰，吾疾贫富不均，今为汝均之。贫者附之益众。

均贫富的方案和实践，宋沈括《梦溪笔谈》卷二五记（王明清《挥麈后录》五同）：

［李］顺本味江王小博（波）之妻弟。始，王小博（波）反于蜀中，不能抚其徒众，乃共推顺为主。顺初起，悉召乡里富人大姓，令具其家所有财粟，据其生齿足用之外，一切调发，大赈贫乏，录用材能，存抚良善，号令严明，所至一无所犯。时两蜀大饥，旬日之间，归之者数万人，所向州县，开门延纳，传檄所至，无复完垒。及败，人尚怀之，故顺得脱去三十余年，乃始就戮。

就是把富豪地主的过剩的、除开生活必需以外的财粟，用公开的手续，让他们自己报告，由人民调发，分配给贫民，这一新的经济措施自然获得广大的贫民阶层的支持。相对严明的军纪和合理的政治，使这一运动更获得广大的发展，虽然遭遇政府正规军——数和质都占优势的大军所围剿而消灭，然而，在几十年后，这一运动的成果仍然温暖地被保存于蜀中父老的心坎中。

第二次的均产运动的背景，绍兴三年（1133）伪齐尚书、户部郎中兼权给事中冯长宁，尚书右司员外郎许同伯同修什一税法，报告北宋的税制给豪富地主以兼并的机会、造成贫富对立的尖锐现象说：

宋之季世，税法为民大蠹，权要豪右之家，交通州县，欺侮愚弱，恃其高赀，择利兼并，售必膏腴，减落税亩，至有入其田宅而不承其税者，贫民下户，急于贸易，俯首听之。间有陈词，官吏附势，不能推割，至有田产已尽，而税籍犹在者，监锢拘囚，至于卖妻鬻子，死徙而后已。官私摊逃户赋，则牵连邑里，岁使代输，无有穷已。折变之法，小估大折，名曰实直，巧诈欺民，十倍掊取，舍其所有，而责其所无。至于捡灾之蠲放分数，方田之高下土色，不公不实，率皆大姓享其利，而小民被其害。贪虐相资，诛求不辍，朝行宽恤之诏，夕下割剥之令，元元穷蹙，群起为盗。（李心传《建炎以来系年要录》卷六五）

洞庭湖沿岸是最饶足的米仓，贫富对立的现象也就特别显著。当宋徽宗正在穷奢极欲，搜敛豪取，建宫室，崇道教，求长生的时候，洞庭西岸武陵的农民钟相，相对地在宣扬等贵贱、均贫富的新教义。《建炎以来系年要录》卷三一记：

（建炎四年正月甲午）鼎州（常德）人钟相作乱，自称楚王。初，金人去潭州（长沙），群盗乃大起，东北流移之人，相率渡江……相，武陵人，以左道惑众，自号天大圣，言有神灵与天通，能救人疾患。阴语其徒，则曰：法分贵贱贫富，非善法也，我行法，当等贵贱，均贫富。持此语以动小民，故环数百里间，小民无知者翕然从之，备粮谒相，谓之拜父，如此者二十余年。相以故家赀巨万，及湖湘盗起，相与其徒结集为忠义民兵，士大夫避乱者多依之。相所居村有山曰天子岗，遂即其处筑垒浚壕，以捍贼为名。会孔彦舟入澧州，相乘人情惊扰，因托言拒彦舟以聚众。至是起兵，鼎澧荆南之民响应。相遂称楚王，改元天战……行移称圣旨，补授用黄牒，一方骚然。……遂焚官府城市寺观及豪右之家，凡官吏儒生僧道巫医卜祝之流，皆为所杀。

钟相的作风比李顺又进一步，不但要均贫富，而且要等贵贱，就现在的意义说，不止是彻底消灭地主贵族集团的经济特权，而是更进一步，消除更根本的这一集团搜刮剥削的政治特权，使人人有平等的经济的享受，有过问政治、运用政权的权利。这一运动所消灭的对象，是贪污不法的官吏、武断乡曲的儒生、不劳而食的僧道和劳苦民众的寄生虫巫医卜祝，四种靠原始迷信生活的废物。所破坏的对象是特权阶级所凭借的官府和保护官府安全的城市，僧道所住的为民脂民膏所经营的寺观，以及豪右之家，农民所最痛恨的吸血鬼的巢穴。

这一运动经过几次的挫折，最后，于［绍兴五年］（1135）为名将岳飞所荡平。

“社会贤达”钱牧斋

就钱牧斋对明初史料的贡献说，我是很推崇这个学者的。二十年前读他的《初学集》《有学集》《国初群雄事略》《太祖实录辨证》诸书，觉得他的学力见解，实在比王弇州（世贞）、朱国桢高。同时也搜集了有关他个人的许多史料，如张汉儒控告他和瞿式耜的呈文、《牧斋遗事》、《虞山妖乱志》、《阁讼记略》、《钱氏家变录》、《牧斋年谱》、《河东君殉家难事实》（以上均见《虞阳说苑》甲编）、《纪钱牧斋遗事》（《痛史》本）、《钱氏家变录》（《荆驼逸史》本）、瞿式耜《瞿忠宣公集》、文秉《烈皇小识》、计六奇《明季北略》，以及《明史·周延儒传》《温体仁传》《马士英传》《瞿式耜传》中有关他的记载，和张汉儒呈文的另一印本（刊《文艺杂志》八期）。因为《明史》里不收这个做清朝官的两朝领袖，《清史稿》列他在《文苑传》，极简略。当时就想替此人写点什么。记不得那时候因为什么耽误了，一晃荡便是二十年。

最近又把从前所看过的史料重读一遍，深感过去看法之错误。因为第一他的史学方面成就实在有限，他有机会在内阁读到《昭示奸党录》《清教录》一类秘本，他有钱能花一千二百两银子买一部宋本《汉书》，以及收藏类似俞本《皇明纪事录》之类的秘籍，有绛云楼那样收藏精博的私人图书馆，从而做点考据工作，实在没有什么了不起；第二这个人的人品实在差得很，年轻时是浪子，中年是热衷的政客，晚年降清，居乡时是土豪劣绅，在朝时是贪官污吏，一生反反复复，没有立场，没有民族气节，除了想做官以外，从没有想到别的。他的一点儿成就、虚名、享受，全盘建立在对人民剥削的基础上，是一个道地的完全的小人、坏人。

可是，三百年前，他的名气真大，东林巨子，文坛领袖，斯文宗主，而且还是幕后政治的牵线人物。只是做官的日子短，在野的年代长，以他当时的声名而论，倒是个“社会贤达”也。

我正在研究历史上的士大夫、官僚、绅士、地主这类人，钱牧斋恰好具备这些资格，而且还是“社会贤达”，因此把旧材料利用一下，写出这个人，并非毫无意义，而且也了却多年来的心愿，是为记。

（一）定论

牧斋是有自知之明的，他明白自己的大节有亏，常时嘴里说的是一套，纸上写的是一套，做的是完全不同的另一套。师友们轰轰烈烈成为一代完人，只有他醉心于功名利禄，出卖了人格灵魂，出卖了民族国家，到头来变成“药渣”，“秋风起，团扇捐”，被新主人一脚踢开，活着对不起人民，死去也羞见当年师友，老年的情怀实实在在是凄楚的、寂寞的、幽怨的，百无聊赖，只好皈依空门，靠念经礼佛来排遣、忏悔。排遣往年的过错，忏悔一生的罪恶。有时候也不免自怨自艾一番，例如《有学集》卷一《次韵茂之戊子秋重晤有感之作》：

> 残生犹在讶经过，执手只应唤奈何！近日理头梳齿少，频年洗面泪痕多。神争六博其如我，天醉投壶且任他。叹息题诗垂句后，重将老眼向关河。

《再次茂之他字韵》：

覆杯池畔忍重过，欲哭其如泪尽何？故鬼视今真恨晚，余生较死不争多！陶轮世界宁关我？针孔光阴莫羡他！迟暮将离无别语，好将白发喻观河。

戊子是明永历二年，清顺治五年（1648），这年他六十七岁了，为了被控和明朝故老闹"反清"，被羁押在南京，案情严重。想想一辈子居高官，享大名，四年前已经六十三岁了，还不顾名节，首倡投降之议，花了一笔大本钱，满以为新朝一定大用，不料还是做礼部侍郎，二十年前早已做过的官。官小倒也罢了，还被奚落，被哂笑，实在受不了，只好告病回籍。如今又吃这官司，说是为明朝呢，说不上，为清朝呢，更说不上，于是见了人只好唤奈何了，要哭也没有眼泪了，活着比死也好不了多少了。顺治十八年（1661）八十岁大寿，族弟钱君鸿要发起替他征集庆寿诗义，他苦口辞谢说：

少窃虚誉，长尘华贯，荣进败名，艰危苟免，无一事可及生人，无一言可书册府，濒死不死，偷生得生。绛县之吏，不记其年，杏坛之杖，久悬其胫。此天地间之不祥人，雄虺之所憗遗，鸺鹠之所接席者也。人亦有言，臣犹知之，而况于君乎？（《有学集》卷三九《与族弟君鸿论求免庆

寿诗文书》）

这一段话每一个字都是真实的、确当的。他的一生定论“荣进败名，艰危苟免”，他一生的言行是“无一事可及生人，无一言可书册府”，明亡而“濒死不死”，降清而“偷生得生”，真是一个为人民所共弃的不祥人，该以杖叩其胫的老怪物。所谓人亦有言，如顺治三年（1646）在北京碰钉子谢病南归，有无名氏题诗虎丘石上《赠钱牧斋宗伯南归》：

入洛纷纷兴太浓，莼鲈此日又相逢；黑头已是羞江总，青史何曾用蔡邕？昔去幸宽沉白马，今归应悔卖卢龙，最怜攀折章台柳，撩乱秋风问阿侬。（此据《痛史》本。《虞阳说苑》本《牧斋遗事》首句作“入洛纷纭意太浓”，“黑头已是”作“黑头早已”，“用蔡邕”作“惜蔡邕”，末二句作“可怜折尽章台柳，日暮东风怨阿侬”。）

如《虞山行》：

一朝铁骑横江来，荧惑人斗天门开，群公蒲伏迎狼纛，元臣拜舞下鸾台。挂冠带笠薰风里，耳后生风色先喜，牛渚方蒙青盖尘，更向龙井钓龙子。名王前席拂朱缨，左拍宗伯右忻城，平吴利得逢双隽，投汉何曾有少卿。靡靡北道岁云暮，朔风吹出蚩尤雾，趋朝且脱尚书履，洛中那得司空座。回首先朝一梦中，黄扉久闭沙堤空，终朝褫带嗟何及，挂帆归去及秋风。……吁嗟盛名古难成，子鱼佐命褚渊生，生前莫饮乌程酒，死来休见石头城！死生恩怨同蕉鹿，空向兴亡恨失足，诗卷终当覆酒杯，山邱何用嗟华屋。（节引自《痛史》本《纪钱牧斋遗事》）

“牛渚方蒙青盖尘”指福王被虏，“更向龙井钓龙子”指牧斋作害诱降在杭州的潞王。“左拍宗伯右忻城”指文班以牧斋为首，武班以忻城伯赵之龙为首迎降清军。“黄扉久闭沙堤空”，指北上后不得大用，失意而反。和这句相发明的，还有一首《虞山竹枝词》：

十载黄扉事渺茫，重瞻天阙望恩光，凤凰池上无人问，依旧当年老侍郎。

《牧斋遗事》记一故事，说一天牧斋去游虎丘，穿一件小领大袖的衣服，有人揖问：“这衣服是什么式样？”牧斋窘了，只好说：“小领遵时王之制，大袖乃不忘先朝。”这人连忙改容说：“哦，您真是两朝领袖咧！失敬失敬。”

死后，他所迎降的清朝皇家对他的看法，乾隆三十四年（1769）六月上谕：“钱谦益本一有才无行之人，在前明时身跻膴仕，及本朝定鼎之初，率先投顺，游陟列卿，大节有亏，实不足齿于人类。朕从前序沈德潜所选《国朝诗别裁集》，曾明斥钱谦益等之非，黜其诗不录，实为千古立纲常名教之大闲。彼时未经见其全集，尚以为其诗自在，听之可也。今阅其所著《初学集》《有学集》，荒诞悖谬，其中诋谤本朝之处，不一而足。夫钱谦益果终为明臣，守死不变，即以笔墨腾谤，尚在情理之中。而伊既为本朝臣仆，岂得复以从前狂吠之语，刊入集中。其意不过欲借此以掩其失节之羞，尤为可鄙可耻！钱谦益业已身死骨朽，姑免追究，但此等书籍悖理犯义，岂可听其流传，必当早为销毁。”于是二集成为禁书。第二年弘历又题《初学集》：“平生谈节义，两姓事君王，进退都无据，文章那有光？真堪覆酒瓮，屡见咏香囊，末路逃禅去，原为孟八郎。”四十一年（1776）又诏：“钱谦益反侧贪鄙，应入国史《贰臣传》，尤宜据事直书，以示传信。”四十三年（1778）二月又谕：“钱谦益素行不端，及明祚既移，率先归命。乃敢于诗文阴行诋谤，是为进退无据，非复人类。若与洪承畴等同列《贰臣传》，不示差等，又何以昭彰瘅？钱谦益应列入乙编，俾斧钺凛然，合于春秋之义焉。”（《清史列传·贰臣传》乙编）其实这些话是有些冤枉的。《初学集》是牧斋在前明的作品，刊行于崇祯十六年（癸未，1643），确是有好些骂清高宗先人的话。《有学集》是降清以后的结集，对清朝祖先便不敢“奴”长“奴”短了。以牧斋在明朝的作品来责备做清朝卿贰的钱谦益，当然不公道。不过，说他“进退无据，非复人类”，倒是定论。

牧斋对明朝失节，出卖祖国，出卖人民，“更一钱不值何须说！”在清朝呢，名列《贰臣传》，而且还是乙编，比洪承畴之类更下一等。活着含羞，死后受辱，这是投机分子应有的结局。

（二）荣进败名

牧斋名谦益，字受之，晚年号蒙叟，亦自称东涧老人，江苏常熟人。生于明神宗万历十年（1582），死于清圣祖康熙三年（1664），年八十三岁。

牧斋一生的经历，十七岁（明神宗万历二十六年，1598）进学，二十五岁中举，二十九岁中探花，授翰林院编修，以父丧丁忧。三十九岁还朝。四十岁（熹宗天启元年，1621）做浙江主考，升右春坊中允。四十一岁以浙闱关节案告病回籍。四十三岁以谕德充经筵日讲官。四十四岁升詹事府少詹事，以东林党案削籍家居。四十七岁（思宗崇祯元年，1628）补詹事府詹事，转礼部右侍郎兼翰林侍读学士，廷推枚卜，是候补宰相名单上的第二名，被温体仁攻讦革职，四十八岁后开始闲居。五十六岁被邑人张汉儒告讦为土豪恶绅，被逮北上下狱。五十七岁狱解南归。六十岁纳妾柳如是。六十四岁明福王立于南京，改元弘光，谦益官礼部尚书兼宫保，清兵进军江南，牧斋以文班首臣迎降，随例北行。六十五岁做清朝的内秘书院学士兼礼部侍郎，充《明史》副总裁。六月告病南归。六十七岁以黄毓祺案被逮到南京下狱。六十八岁狱解归里。八十三岁死。

牧斋二十岁左右在东南一带便有文名，和东林领袖顾宪成、允成兄弟交游。点探花以后，叶向高是前辈，孙承宗、王图是座主，高攀龙、左光斗、杨涟、周顺昌、姚希孟、黄道周、文震孟、鹿善继诸名流是僚友，瞿式耜是门生，程嘉燧、李流芳诸人是文酒之友，声气震动一世。到东林诸领袖先后被杀之后，“流俗相尊作党魁”，俨然是乡国重望了。张汉儒告讦案解后，“雒中之冠带，汝南之车骑，蜀郡之好事，鄠杜之诸生，闻声造门，希风枉驾，履舄交错，舟船填咽，邑屋阒其无人，空山焉之成市”。成为斯文宗主，一代大师，青年人的泰山北斗，社会上第一号的贤达。六十四岁做了两朝领袖之后，声名骤落，做官不得意，做人不像人，“人亦有言”，成天过被哂笑辱骂的日子，再也不谈气节骨格，缩在文人的圈子里，写墓铭寿序弄钱，腼腼腆腆一直到死。

这个人的一生，用他自己的话来说最确当，“荣进败名”，一句话，不顾国家民族的利益，光想做大官，利禄熏心，坏了名节，毁了自己。

天巧星浪子钱谦益

牧斋前半生是东林中佼佼的人物，反东林的阉党阮大铖造《点将录》，献给魏忠贤，黑名单上的重要人物有天罡星托塔天王李三才、及时雨叶向高、天巧星浪子钱谦益、圣手书生文震孟、霹雳火惠世扬、鼓上蚤汪文言、大刀杨涟、智多星缪昌期等三十六人，地煞星神机军师顾大章、青面兽左光斗、金眼彪魏大中、旱地忽律游士任等共七十二人。崔呈秀开的另一黑名单《天鉴录》上也赫然有钱谦益的名字（计六奇《明季北略》卷二）。天启五年（1625）杨涟、左光斗诸人被魏忠贤杀害，牧斋也牵连被削籍回里。官虽做不成，名气反而更大，朝野都把他当作东林党魁，他也以此自许，如《初学集》卷六《十一月初六日召对文华殿旋奉严旨革职待罪感恩述事》二十首之一：

> 破帽青衫又一回，当筵舞袖任他猜，平生自分为人役，流俗相尊作党魁。

如《有学集》卷一六《范勋卿文集序》：

> 余庚戌通籍，出吾师耀州王文肃公（名图，阉党卢承钦所作《点将录》，和高攀龙并列的东林副帅，此外曹于汴、汤兆京、史记事、魏大中等谓之先锋，丁元荐、沈正宗、李朴等谓之敢死军人，孙丕扬、邹元标谓之土木魔神）之门。……余则继耀州之后，目为党魁，饮章录牒，逾冬逮系，受钩党之祸。……入甘陵之部，刊元祐之碑，除名削迹，终老而不相贷贳。

可是他一生的行径，却是道地的“浪子”，阉党虽然比他更灭绝人性、寡廉鲜耻，给他的这个绰号倒还中肯，恰如其人的品格身份。

浙闱关节

牧斋虽是东林党人，可是还没有进身就和宦官勾搭。万历三十八年（1610）殿试后自以为文名满天下，兼之又有内线，状元是拿稳了。发榜的前一晚，已经得到宫中小太监的密报，说是状元已成定局，司礼监太监和其他宫廷权要都派人送帖子来道喜，京中亲朋故旧络绎户外，牧斋喜极乐极。不料到天亮榜发，牧斋竟是第三名探花，状元是归安人韩敬，这一跟斗摔得真惨，两人从此结下仇。原来韩敬也有内线，早攀上宫中最有势力的大太监，发榜时拿韩敬换了牧斋。牧斋还以为他的老板只此一家，以致上了一回大当。（《虞阳说苑》本《牧斋遗事》）

韩敬做了官，牧斋不服气，使一点手段，在三年京察时，把韩敬革职。

韩敬是浙江人，是反对东林的浙党党人。丢官后恨极，也处心积虑图谋报复。党争和私人怨恨从此纠缠不清。

熹宗天启元年（1621）牧斋奉命做浙江主考官。韩敬和秀水沈德符计议，冒用牧斋的名义，出卖关节，很多人都上了当。名士钱千秋也被说动了，用两千两银子买“一朝平步上青天”的暗号，在每篇文章的结尾嵌入一字。榜发千秋果然考取了。韩敬、沈德符使的人分赃不均，把卖关节的事情嚷开了，韩敬也派人上北京大宣传一起，又联络礼科给事中顾其仁磨勘原卷，找出证据，具疏弹劾。事情闹大，刚好钱千秋已到北京准备会试，牧斋一问果然有真凭实据，急得无法，只好自己上疏检举。经刑部审讯的结果，假冒名义出卖关节的两人枷号发烟瘴充军，钱千秋革去举人充军，牧斋和房官确不知情，以失察罚俸三月，奉旨依拟，这个科场大案，因为牧斋脚力大，就此结束。（文秉《烈皇小识》卷二，《虞阳说苑》本《阁讼记略》，冯舒《虞山妖乱志》卷中）

枚卜之争

明代后期大学士（宰辅）的任用，由吏部尚书领衔，会合廷臣公推，开一张名单，由皇帝点用，叫作枚卜。

崇祯元年（1628）十一月，大学士刘鸿训罢，思宗诏廷臣举行会推枚卜大典。

牧斋是庚戌进士，在东林有重名，会推列名是没有问题的。唯一的劲敌是同官宜兴周延儒，延儒是万历四十一年（1613）的会元状元，名辈虽然较后，可是不久前曾和思宗谈过话，很投机，如也在会推单上列名，周的被点可能要比钱大。乌程温体仁官礼部尚书，虽然是万历二十六年（1598）进士，但是名低望轻，根本挨不上，倒不必顾虑。

周延儒事先布置，勾结外戚郑养性和东厂唐之徵，势在必得。

牧斋方面，有门生户科给事中瞿式耜、吏科都给事中章允儒在奔走，瞿式耜尤其出力，联络好廷臣，会推单上十一名，第一名成基命，第二名钱谦益，釜底抽薪，周延儒连提名的资格都被取消了，根本说不上圈定。

明思宗性格多疑，正在奇怪怎么会不列周延儒的时候，周延儒的反攻也正在展开，使人散布流言，街巷纷纷传说，这次会推全由钱谦益的党羽操纵，思宗也听见了。温体仁摸清楚情势，上《盖世神奸疏》，弹劾谦益浙闱旧案，说他是盖世神奸，不宜滥入枚卜。思宗召集双方在文华殿面讯，温体仁是有准备的，盛气质询，说话流利，牧斋正在打点做宰相的兴头上，斜刺里挨这一棍，摸不清情况，说不出话，官司便输定了。第二天有旨：“钱谦益关节有据，受贿是实。又且滥入枚卜，有党可知。祖法凛在，朕不能私，着革了职，九卿科道从公依律会勘具奏，不得徇私党比，以取罪责。”后来钱千秋案虽然由原审人员一致坚持原来的判决，牧斋止于失察，不再深问。可是大学士是被搞掉了，不但做不了大学士，连原官也丢了。革职回籍听勘。

崇祯二年（1629）十二月周延儒入阁，三年（1630）六月温体仁入阁。两个死对头接连当权，牧斋一直闲了十六年，再也不得登朝，只好在乡间做“社会贤达”，干土豪劣绅武断乡曲的勾当。

这一次牧斋吃亏的原因：一内线未走好；二被温体仁一口咬定是结党把持，做皇帝的最怕最恨臣下结党，而牧斋恰是结党有据，硬挤周延儒；又吃亏在钱千秋的案子确是有关节。一跤摔倒，再也起不来了。（《明史》卷三〇八《周延儒传》《温体仁传》，卷二八〇《瞿式耜传》，《烈皇小识》卷二，《阁讼记略》，《虞山妖乱志》中）

贪恶兽官

明代乡绅作恶于民间，是人民最感痛苦的一害。

崇祯十年（1637）常熟人张汉儒到北京告御状，告乡绅钱谦益、瞿式耜：“不畏明谕，不惧清议，吸人膏血，啖国正供，把持朝政，浊乱官评，生杀之权不操之朝廷而操之两奸，赋税之柄不操之朝廷而操之两奸，致令蹙额穷困之民欲控之府县，而府县之贤否，两奸且操之，何也？抚按皆其门生故旧也。欲控之司道，而司道之黜陟，两奸且操之，何也？满朝皆其私党羽翼也。以至被害者无门控诉，衔冤者无地伸冤。”又告发他们："倚恃东林，把持党局，喜怒操人才进退之权，贿赂握江南生死之柄，伦常扫地，虐焰熏天。"开列罪款，一共是五十八款，如侵占地方钱粮，勒索地方大户，强占官地营造市房，霸占湖利强要渔船网户纳常例，私害人命，逼奸良人妻女，出卖生员，霸占盐利，通番走私，占夺故家宝玩财货，毒杀和殴杀平民，占夺田宅等等，计赃三四百万。例如：

（1）恶钱谦益、瞿式耜每遇抚按提学司道知府推官知县要紧衙门结交，必先托心腹，推用其门生故旧，宣言考选可以力包，以致关说事情，动以千万，灵应如神，诈有不遂者无不立致之死，小民之冤无处申诉，富家之祸无地可容。

（2）恶钱谦益、瞿式耜见本县有东西两湖华荡华汇（《文艺杂志》本作昆城湖华荡滩），关系民间水利，霸截立桩，上书"礼部右堂钱府""户科瞿衙"字样，渔船网户俱纳常例，佃田小民投献常规，每岁诈银七百余两，二十年来计共诈银一万四千余两，地方切齿，通县公愤。

（3）恶钱谦益自卖举人钱千秋之后，手段愈辣，凡文宗处说进学者，每名必要银五百两，帮廪者每名银三百两，科举遗才者要银二百两，自家夸口三党之前曰：我的分上，如苏州阊门贝家的药，货真物精，比别人的明明贵些，只落得发去必有应验。

（4）恶钱谦益乘媚阉党崔呈秀心爱顾大章家羊脂白玉汉

杯，著名一捧雪，价值千金，谦益谋取到手，又造金壶二把，一齐馈送，求免追赃提问，通邑诽笑证。

（5）恶钱谦益见刑部郎中赵元度两世科甲，好积古书文画，价值二万余金，后乘身故，罄抢四十八橱古书归家。

这个告发人张汉儒，牧斋自撰的《丁丑狱志》称为奸人，明史上也称为常熟奸民。在封建时代，以平民告发大官，其“奸”可知。不过根据冯舒的《虞山妖乱志》，所记牧斋的秽史确有几件是可以和“奸”民的控词互证的。冯舒是牧斋同县人，被这场官司卷入，闹得几乎不可开交，而且是牧斋这方面的人，牧斋和瞿式耜还为他分辩过。他的话应该有史料价值。他说：

> 钱尚书令（杀人犯）翁源德出三千金造塔（赎罪），源德事既败，塔亦终不就。已而钱尚书必欲成之。凡邑中有公事拟罪者，必罚其赀助塔事，黠士敝民请乞不餍，亦具辞请修塔，不肖缙绅有所攘夺者，公以塔为名，而私实自利。即寿考令终者，亦或借端兴词，以造塔为诈局，邑中谓塔为大尸亲，颇称怨苦。钱尚书亦因是藉藉不理人口，谤亦由是起。

他详细记出牧斋曾由族人钱斗之手，敲诈族人钱裔肃：

> 裔肃诸弟又以宪副（钱岱）故妓人纳之尚书，裔肃不得已，亦献焉。凡什器之贵重者，钱斗辈指名索取，以为尚书欢。

张汉儒告发于下，大学士温体仁主持于上，地方大官如巡抚张国维是牧斋的门生，巡按御史路振飞是后辈，也掩饰不了，牧斋和瞿式耜被逮到京拘讯。

官司又眼见得要输了，牧斋自辩二疏，只辩得钱千秋一案，其他各款只咬定是温体仁主使，说他和张汉儒一鼻孔出气。背地里乞援于司礼监太监曹化淳，因为牧斋往年曾替曹化淳的上司司礼太监王安作过碑文，这门路就走通了。又用贿赂使抚宁侯朱国弼参奏温体仁欺君误国，内外夹攻，转退为进，要翻转这案子。

这时候锦衣卫指挥使是温体仁的人，照理温体仁这着棋是赢定了。不料他走错了一步，在思宗前告发钱谦益和曹化淳的勾结情形，得罪了曹化淳，情势立刻倒过来了，锦衣卫指挥使换了牧斋的朋友，东厂专找温体仁的错，张汉儒枷死，温体仁也接着罢相。第二年秋天牧斋和瞿式耜才出狱。

张汉儒控诉乡绅作恶，一到北京变了质，温体仁用作报复政敌的手段。温体仁得罪了曹化淳，官司又变了质，乡绅作恶的事一字不提，告发人成为“奸”民被处死。牧斋靠内监的庇佑，不但官司没有事，连劣绅恶绅的身份也连带去掉了。（《明史》卷二八〇《瞿式耜传》，冯舒《虞山妖乱志》，《虞阳说苑》本张汉儒疏稿，《文艺杂志》本常熟县民张汉儒控钱谦益、瞿式耜呈词，《初学集》卷二五《丁丑狱志》、卷八七《微臣束身就系辅臣蜚语横加谨平心剖质仰祈圣明洞鉴疏》）

（三）艰危苟免

崇祯十七年（1644）三月，明思宗自杀的消息传到南方，南京的文武臣僚乱成一团。吵的不是如何出兵，如何复仇，而是如何找一个皇帝，重建封建统治政权。

当时避难到南京附近的有两个亲王，一是潞王，一是福王。论族属亲疏行辈福王当立，论人品潞王有潞佛子的名气，好说话，容易驾驭。可是福王有问题，万历年间为了老福王闹的妖书、梃击、移宫三案，东林是反对老福王的，福王如立，很可能追怨三案，又引起新的党争，不得安稳。立潞王，不但政治上不会出岔子，还可立大功。牧斋先和潞王接了头，首倡立潞王之议，南京大臣兵部侍郎吕大器、右都御史张慎言、詹事姜曰广都赞成，雷演祚、周镳也为潞王大做宣传。这些人有的是东林，有的是准东林，一句话，东林系的士大夫全支持潞王做皇帝。

反东林的阉党着了慌，尤其是阮大铖，出尽全力，和实力派庐凤督师马士英，操江诚意伯刘孔昭，总兵高杰、刘泽清、黄得功、刘良佐结合，高级军人全拥护福王，南京的议论还没有决定，马士英已经统军拥福王到南京了。文官们没办法，只好向福王劝进，在南京建立了小朝廷，维护这一小部分人的利益。

潞王和福王皇帝地位的争夺，也就是幕后人钱牧斋和阮大铖的斗争。钱牧斋输了，马士英入阁，东林领袖史可法外出督师，阮大铖起用，从兵部右侍郎进尚书兼右副都御史，巡阅江防，红得发紫。

大铖用事后，第一件事是起用阉党，第二件事是对东林报复。他好容易熬了十几年，受尽了“清流”的笑骂，今天才能出这口气，造出十八罗汉五十三参的名目，要把东林一网打尽。雷演祚、周镳首先被杀，南京城中充满了恐怖空气，逃的逃，躲的躲，弄得人心惶惶。

牧斋一见福王登位，知道情形不妙，立刻转舵，一百八十度大转弯，上疏称颂马士英功德，士英乐了，援引牧斋做礼部尚书。一不作二不休，牧斋索性举荐阉党，还上疏替阮大铖呼冤，大铖由之起用。可是阮大铖还是不肯解憾，黑名单上仍旧有牧斋名字。牧斋无法，只好再求马士英保护，战战兢兢，幸免无事。（《明史》卷三〇八《马士英传》）

弘光元年（1645）五月，清军进军江南，牧斋率文班诸臣迎降。南京其他大员送清豫王的礼物动不动就值万两银子，牧斋要表示自己的廉洁，送的礼最薄，这份礼单照抄如下：

太子太保礼部尚书兼翰林院学士臣钱谦益百叩首谨启上贡。计开：

鎏金壶一具　法琅银壶一具　蟠龙玉杯一进　宋制玉杯一进　天鹿犀杯一进　夔龙犀杯一进　葵花犀杯一进　芙蓉犀杯一进　法琅鼎杯一进　文玉鼎杯一进　法琅鹤杯一对　银镶鹤杯一对　宣德宫扇十柄　真金川扇十柄　弋阳金扇十柄　戈奇金扇十柄　百子宫扇十柄　真金杭扇十柄　真金苏扇四十柄　银镶象箸十双

顺治二年五月二十六日太子太保礼部尚书兼翰林院学士臣钱谦益

据目见的人说，牧斋亲自捧帖入府，叩首阶下，向豫王陈说，豫王很高兴，接待得不错。（《说苑》本《牧斋遗事》）

不但第一个迎降，牧斋还派人到苏州大贴告示说："大兵东下，百万生灵，尽为齑粉，招谕之举，未知阖郡士民，以为是乎非乎？便乎不便乎？有智者能辨之矣。如果能尽忠殉节，不听招谕，亦非我之所能强也。聊以一片苦心與士民共白之而已。"又写信给常熟知县曹元芳劝降："主公蒙尘五日后，大兵始至，秋毫无犯，市不易肆。却恐有舟师入越，则吴中未免先受其锋。保境安民之举，不可以不早也。牺牲玉帛待于境上，以待强者而庇民焉，古之人行之矣。幸门下早决之。想督台自有主持。亡国之臣，求死不得，邑中怨家必攘臂而鱼肉之矣，恐亦非便计也，如何？"（《赵水部杂志》）在主俘国破的时候，他不但为敌作伥，招降父母之邦，还念念不忘他家乡那份产业，这封信活画出卖国贼那副嘴脸。

所说"求死不得"是鬼话，他自己会告诉人，当时宠妾柳如是劝他殉国，他迟疑不肯，柳如是发急，以身作则，奋身自沉，被侍儿抱住。他何曾求过死？连小老婆劝他死也不肯，怎么会"不得"！（顾苓《河东君传》，案顾云美也是牧斋的友人，牧斋曾为撰《云阳草堂记》，见《有学集》卷二六）

牧斋降清后，一意要为清朝立功，时潞王寄居杭州，牧斋又寄书诱降，骗说只要归顺，就可保住爵士。浙江巡抚张秉贞得信，要挟潞王出降，潞王阖家被俘北上。（《说苑》本《牧斋遗事》）牧斋自以为大功既就，而且声名满天下，这次入阁该不成问题了，兴忽忽扬鞭北上，左等右等，等到顺治三年（1646）正月，才发表做礼部侍郎管秘书院事，充修《明史》副总裁，不禁大失所望。苦苦挨了半年，又被动夺职回籍闲住，荣进了一辈子，状元巴不到，阁老爬不上，落得身败名裂，“昔去幸宽沉白马，今归应悔卖卢龙！”（《说苑》和《痛史》本《牧斋遗事》）

牧斋到底悔了没有呢？这头不着巴那头，清朝不要，再投明朝，《顺治东华录》记：

> 五年四月辛卯，凤阳巡抚陈之龙奏：自金逆（声桓）之叛，沿海一带与舟山之寇，止隔一水。故密差中军各将稽察奸细，擒到伪总督黄毓祺并家人袁五，搜获铜铸伪关防一颗、反诗一本，供出江北富党薛继周等，江南王觉生、钱谦益、许念元等，见在密咨拿缉。得旨：黄毓祺着正法……钱谦益等着马国柱严饬该管官访拿。

据《贰臣传》乙编，牧斋这次吃官司也是被人告密的，告密人叫盛名儒：

> 以钱谦益曾留黄毓祺宿其家，且许助资招兵。诏总督马国柱逮讯。谦益至江宁，诉辩："此前供职内院，邀沐恩荣，图报不遑。况年已七十，奄奄余息，动履籍人扶掖，岂有他念。"哀吁问官乞开脱。会首告谦益从逆之盛名儒逃匿不赴质，毓祺病死狱中。乃以毓祺与谦益素不相识定谳。马国柱因疏言："谦益以内院大臣归老山林，子侄三人新列科目，荣幸已极，必不丧心负恩。"于是得释归。

这次狱事，一直到顺治六年（1649）春才告结束。同年七月十五日，同县瞿式耜的家人派家童到桂林去看永历帝的桂林留守、牧斋的门生瞿式耜。牧斋脚踏两头船，带一封密信给他，九月十六日到达，这封密信被节引在式耜的《报中兴机会疏》中（《瞿忠宣公集》卷五），牧斋指陈当前军事形势，列出全著要著急著。还报告清军将领动态，和可能反正的武装部队。式耜的案语说：

> 臣同邑旧礼臣钱谦益寄臣手书一通，累数百言，绝不道及寒温家常字句，惟有忠驱义感，溢于楮墨之间。盖谦

益身在虏中，未尝须臾不念本朝，而规画形势，了如指掌，绰有成算。

有了这件文字，加上瞿留守的证明，万一明朝恢复天下，看在地下工作的分上，大学士的座位，这一回总该坐得上去了吧？

一年后，清军攻下桂林，瞿式耜不屈，慷慨赴义。清人修《明史》，大传的最后一位，便是牧斋早年的门生瞿式耜。这师生二人，在民族兴亡、社稷存灭的严重关头，一个经不住考验，做了两朝领袖，名教罪人。一个通过考验，成了明朝的孤臣孽子，忠臣烈士。牧斋地下有知，怕也没面目见到这位高足吧！

论历史人物

（一）什么是历史人物

是不是过去所有的人物都是历史人物？我们的祖先是不是每个人都是历史人物？什么样的人才算是历史人物呢？要起作用、推动历史前进、某些方面有贡献的人才算是历史人物。论历史人物要有这个界限。当然还在这个问题，某些人在劳动、生产中有成绩，替前人做了总结，提高了工作，起了作用，人数多至不可胜数，但是过去历史学家不重视他们，只是记述帝王将相，一般劳动人民不被重视，只知道讲形而上、形而下，只知道讲周公、孔子，看不起劳动人民。孟子曰："君子劳心，小人劳力。"因此，许多了不起的人物，不见于历史，在历史上得不到表现。他们的成绩，是师徒相传、口头相授，成为今天的财富。我们的文化是劳动人民创造的，但他们都是无名英雄。这样的人物很多，随便举出一个例子，如北京冬天冰天雪地，吃不到青菜，丰台、海淀区有很多温室生产青菜。这样的做法，至少有一千多年的历史。唐太宗征高丽回来，路过河北，有某县县官送青菜给他吃，历史上有这样的记载，这是了不起的事情，是改变了自然。但这是哪些人创造出来的，无从考据。至于有些历史记载的人物，比起劳动人民那是极少数，有历史记载的人物，这几年有些人认为政治上好才算是历史人物，做过坏事的人不算历史人物，这种看法对不对呢？有争论。过去中小学教科书就很少写坏人坏事，这种看法不对。好人固然是历史人物，做过坏事的也是历史人物，反面人物，起反面的教育作用。因此在历史上，对社会生产、文化教育起进步作用的是历史人物；反之，起消极作用、破坏作用的，也是历史人物。若是把这些人取消，问题就发生了，阶级斗争就没有了，社会就不能前进了。把统治阶级和被统治阶级的利益看成一致，诚然，利益有一致的地方，但更多的地方是不一致。统治阶级中有坏人，也有好人。被统治阶级中多数是好人，但也有少数是坏人。清朝的慈禧、曾国藩、李鸿章，民国时期的袁世凯，还有历史上的秦桧、严嵩。历史上有他们的作用，他们是坏人，起过反面教育作用。不应把他们抹掉。如把慈禧抹掉，近百年的历史就说不过去了。人民英雄纪念碑上的八块石雕，说明了当时的斗争情况，对外屈辱投降，政治腐朽，宁予外邦，不予家奴。北洋军阀是她培养出来的。袁世凯就是她的部下。假如把她抹掉，近百年来反面的就没有了。另一方面，历史人物也包括各个阶级，其中包括统治阶级中的帝王将相和官僚地主，也有被统治阶级的劳动人民。如毛主席《沁园春》咏雪词中的秦皇汉武、唐宗宋祖都是历史人物。另一方面，传说中的鲁班，修建赵州桥的李春，张小泉剪刀的张小泉，都是了不起的平民百姓，同样是历史人物，对历史有贡献。同时也不能忽略这一方面。我们是多民族国家，汉民族虽然是主体，另外还有少数民族五十多个，人数四千多万，少数民族也有历史人物。因此一方面讲汉民族的历史人物，另一方面也讲少数民族的历史人物，如蒙古族的成吉思汗、忽必烈，契丹的耶律楚材，满族的努尔哈赤。

（二）历史人物的界限

历史一方面有延续性、继承性、不可分割性，另一方面必须认识历史上的某事某人，是说他已经完成了某项任务，已经固定了，有了结论，不会再发展变化，这才叫历史事件或历史人物。这些人对以后还是有些作用和影响，可是他本身是固定了不再发生变化。如1950年的抗美援朝，把美帝打败，在板门店签了和约，这件事不会发生变化，是历史事件，业绩永远载于中朝史籍。1952年的“三反”“五反”也是历史事件，五四运动过去了，不会变化了，也是历史事件。

另一方面，总路线、“大跃进”、人民公社就不是历史事件。人民公社这几年有很多变化，先后有十二条、六十条的规定，在前进中、变化中，这不能算历史。“大跃进”、总路线也是如此。有人说现在不是工业产值下降，不是“大跃进”了吗？不知道要跳得远，就要先向后退，伸手要有力，也要先退一下。“多快好省”四个字如何结合，认识不同，工作中贯彻的程度也就不一样。“三面红旗”都在发展中，今天是现状，将来才是历史事件。如把现状和正在发展中的事件看成历史，不科学，也不合辩证唯物论的发展规律，把正在发展中的事件固定下来，就会造成认识上的混乱，在这种混乱下就会造成怀疑观望。文艺界就发生了这样的情况。花了很多力气拍成的影片，不能上映，原因是把发展中的事物看成固定不变的。这种情况不止文艺界，也表现在其他方面，根源是不善于区别，把两者混淆，这样不能不发生错误。在自然科学界，也可能有这样的情况。

历史是不再发展，但与现在又有联系。讲历史人物，决不是当代人物。把当代人物看作是历史人物是错误的，他们只能是将来的历史人物，因为他们还活着，他们的工作和思想还在继续发展，如果给他们做了结论，不可能全面，也不是有益的、科学的和唯物的。不把当代人物看成历史人物，这不是不尊重当代人物，因为他们还会有更大的发展和更大的贡献，有何权利去掉他们的发展和贡献，何况还有些情况不了解，有些根本不了解，某些知道，更多的不知道，不做结论，这是科学的态度，唯物的态度。如毛主席军事思想，游击战的十六字诀是世界被压迫民族最有力的斗争武器，在中国总结了前人、超越了前人，在世界影响，遍于全世界。阿尔及利亚民族解放军主要干部都学习毛主席的著作，古巴也是如此，全世界被压迫民族没有不学习的。帝国主义却不能学，因为他们与人民对立。游击战最主要一条，就是游击队在人民中间。《毛选》四卷出来以前，才知道辽沈、平津、淮海三大战役，都是毛主席指挥的，以前我们都不知道。不但如此，朝鲜战争也是毛主席亲自指挥的。军事上毛主席是有史以来最杰出的统帅，《毛选》出来以前，我们是不知道的。《毛选》五卷出来以后，将使我们了解更多的事情。这个例子可以说明对当时情况不明，就没有法子做结论。反之，也有这样的情况，某些人对革命有过贡献出过力量，但过新民主主义关，过不去坐下来了，有些人过了新民主主义关，到了社会主义关过不去，又坐下来了。对“三面红旗”也有人怀疑观望，如何能马上下结论，人总是有变化的，错误的认识和理解，是否会一直错下去？也可能认识不正确，从新工作，走上正确的道路来。对这些人也不能随便下结论。历史人物与当代人物不能混淆，无论是个人和事，都要经得起时间的考验，经得起大风大浪、惊涛骇浪考验。

（三）历史人物的范畴

“历史人物”是一个概念性的名词，具体地说，历史人物是多方面的，只要这个人哪一方面有贡献，他就是哪一方面的历史人物。方面很多，列宁曾说，不是拿后人的要求来衡量他，而是看他比前人多做了些什么。概括说来，有哲学家、政治家、军事家、文学家、戏剧家、医学家、雕刻家、工艺家、音乐家、建筑家、农艺家、宗教家、经济学家，各行各业，诸如此类。成就有大有小，贡献有大有小，不可能拿天平来称，非要到某种程度，才算历史人物，只要有贡献，比前人多做了些什么，改进了什么，对生产有利，对人民有利，就可算作历史人物。反之，一辈子没有做过一件坏事，政治上绝对没问题，但没有贡献，这就不算历史人物，只是历史上的人。拿哲学家来说，我们研究这个哲学家、那个哲学家，主要是研究他的思想体系，看他比前人有什么新的看法，而不是要求其他，例如会不会画画，字写得好不好等。研究画家也是如此，看他比前人提供了些什么，创造了什么新风格，当然政治条件也要讲，不讲是错误的。历史上很多人业务好，政治也好，如唐朝的颜真卿，字写得好，又是忠臣，是统一的，是肯定的历史人物。也有不统一的，如严嵩——京剧里就有《打严嵩》，他的字写得不错，传说“西鹤年堂”“六必居”的招牌都是他写的。诗文也不错，有《钤山堂集》，但是个汉奸。如何处理？应该区别开来。政治上是奸臣，字是写得好的，诗文在当时也是好的，不能因为是奸臣，字也不好了。

同时，还有多方面的人物，如康熙是政治家，也是科学家，对天文、数学、历法都有研究。几千年来，皇帝中的科学家，只有他一个。这样的人在世界历史上也是没有的。他同时注重实践，学习态度、学习方法都很对头。在政治上他统一了国家，基本上奠定了今天中华人民共和国的疆域。在他统治时期，减免了人丁税。汉代以后，我国人口约在五千万，没有超过六千万。当然过去有隐瞒户口的情况，也有把女人不算户口的。康熙五十年（1711）以后，人口计算比较正确。到嘉靖时，人口达到四万万之数。这是他政策的伟大的效果。在学术上，他出版了很多书，改变了历法。自明以来，如实行西洋历法，遭到了一些人如杨光先等人的反对，直到康熙时未得解决。康熙自己来学数学、天文，予以正确的解决。他的成就，应当与同时期世界科学家比较，看他起了什么作用。对于他在这一方面的成就需要自然科学家来做。

（四）民族英雄与革命英雄主义的问题

这个问题是几个方面提出来的，共青团市委和《解放军报》都曾提出过，相当一部分人不理解。民族英雄与革命英雄主义是一个还是两个？有无区别？历史上有无民族英雄，这些民族英雄是历史人物中最能鼓舞今天人们斗志的典范。他们在他们所处的时代，当国家遭遇危机时，不顾个人安危，挺身而出，坚决保卫国家、保卫民族。有的取得了胜利，有的在强大的敌人面前牺牲了。无论成功或是失败，都值得我们永远纪念、学习。文天祥在《正气歌》中有两句话："时穷节乃见，一一垂丹青。""时穷"是说在环境最困难的时候，"节"是气节、骨格、节操，也就是主席所说的骨气（见《别了，司徒雷登》），指的就是这样的民族英雄。汉朝的霍去病就了不起，十七八岁当统帅，二十四岁就死了。在他以前匈奴很强大，像秦始皇那样厉害的人，也不能不动员全国人民，把旧长城连起来，并派重兵防止，但问题并未解决。汉高祖还吃了亏，被围困在平城七天，以后不得不采用和亲政策，把宗室的女儿嫁给匈奴，还送给很多礼物。这种情况一直延续到汉武帝时。另一方面，从高帝经过文、景，到汉武帝，经济得到恢复，汉初，皇帝不能具纯驷，公民只能坐牛车。到汉武帝时，马匹不止几万匹，而是多至几十万匹。汉武帝几次派卫青、霍去病出塞，霍去病开头当骠骁校尉，带领八百轻骑兵，一共出征六次，到第三次就当了统帅。有一次受降匈奴王发生问题，有一部分人要跑，霍去病抓住要跑的，把没有跑的带回来。后来他被封侯，武帝为他盖了房子，要他来看，他说："匈奴不灭，无以家为。"这样的人物，在历史上应当用金字写。我们中国就有这样的气派。我们看，我们中央有哪个领导同志盖了房子！

明朝有位于谦。洪武元年（1368），明太祖建国，元顺帝跑了，但军事力量还保存着，他还要"收复失地"。从永乐到宣德，曾六次打我们。到了清朝，才成为一家。正统十四年（1449），瓦剌打了进来。明英宗是个年轻的皇帝，不懂军事，糊里糊涂，听信太监王振的话，带了五十万大军跑到大同，败退回来时，走到半路，王振一想，这几十万大军要经过蔚州（王振的家乡），岂不把庄稼踩坏。竟下令让大军循原路绕道而回。经过官厅附近的土木堡，被围，水源被截断。第二天，瓦剌骑兵冲进来，五十万大军全军覆没，英宗被俘。消息传来，北京震动。皇帝没有了，军队没有了，有人沉不住气，特别是南方人主张南迁，认为与其被俘，不如跑掉。只有于谦，坚决主张抗战，认为北京可收。他的主张为英宗的弟弟所赞成，也得到个别大臣的支持。于是积极修筑工事。集中粮食，结果瓦剌打不进来，德胜门的老百姓上房用瓦片往下打。瓦剌包围了几天，怕明朝援军来，只好退回。北京守住，黄河以北就守住。否则北京失守，黄河以北丢掉，就将像辽金和南京一样。这次保卫战，明景帝是有功的。我曾跟已故文化部副部长郑振铎找他的坟墓，找了一年多，终于找着了，就在颐和园的西北，把他的坟加以修葺，以资纪念。

还有一位戚继光。自元末以来，倭寇不断入侵。嘉靖以后，越来越厉害。浙江、福建、广东沿海一带，受到侵害。明朝的卫所军腐化不堪，见了敌人就逃跑，甚至把人民的头杀下来去报功。戚继光主张练兵，在金华义乌一带挑选了三千人做骨干，制定阵法，创造长武器短武器并用的战术。与敌人遭遇九次，九战九胜。以后又到福建，把倭寇全部解决。当然不是戚继光一个人，还有俞大猷、卢镗等人。不但保住了沿海地区，又被调到蓟州镇守河北。他并不拘泥于过去的经验（南方水田多），改变办法（适应河北山区），制定新阵法，并吸收当时最新式的武器鸟枪，加以改进。当时，北方军队根本不懂军纪，他调来南方军队三千人排队，适值下雨，从上午到下午雨未停，站立不动。北方军队一看，军纪如此严明，以后才懂得军纪。由此十几万军队，遂被组织起来。在他以前换了十七个统帅。他以后，镇守了十六年，人民安居乐业。影响且不止此。后来继承他的人，继续得到几十年的安定。保卫国土，保卫人民，国家安宁，人民安宁。了不起。

失败者如文天祥。他二十岁中状元，是一个文人。政府里坏人当权，等到元军距离杭州三十里时，才被任命为宰相。他到元营和元军统帅讲理，元军把他拘留。经过镇江，设法跑了。但别人怀疑他，说他投降，要逮他杀他。经过无数艰险，到达浙江，组织军队，继续抗元。后在江西永丰被俘，妻子儿子也被俘了，他没有屈服，又跑掉了，再战。在广东潮阳又被俘。服毒自杀。原患眼疾，不意服毒后眼疾反好了。崖山之役，陆秀夫、张世杰均死难，降臣张弘範趁机劝降，他拒绝。赋诗说：“人生自古谁无死，留取丹心照汗青。”他被囚在府学胡同的监牢内。元朝的宰相完颜阿合马来劝降，他不降；宋朝投降的宰相来劝降，他不降；投降的皇帝恭宗来劝降，他哭了一阵，把皇帝送走，仍不降。最后，元朝皇帝忽必烈来劝降，说："你只要以忠宋之心忠元，你仍可以为宰相。"文天祥拒绝，忽必烈说，你到底要求什么呢？文说，只求一死。第二天就被杀。文天祥确实做到了像孟子所说的，富贵不能淫，威武不能屈，贫贱不能移。

但历史上的民族英雄，不能与今天的革命英雄主义相比。两者有本质不同。第一，阶级不同。过去那些人物，都是封建统治阶级；而今天的革命英雄主义都是人民。第二，服务对象不同。过去是为统治阶级服务；今天是为广大人民服务。第三，志愿目标不同。历史上谁也不能离开封侯、封妻、荫子；今天则是为人民、为民族、为解放全人类。两者本质不同，必须区别开。

另一方面，历史上的民族英雄，就其斗争后果说，保家卫国，人民生活安定，符合广大人民的利益，也符合历史发展的规律，为当时人民所崇敬、赞扬，也为后人所崇敬、赞扬，在历史上有崇高的地位，也是今天所学习的榜样。主席说，中国人民是压不扁的。敢于跟帝国主义做斗争，争取社会主义的完成，从这点来说，学点历史是有现实意义的。古为今用，应当批判继承祖先遗留给我们的好东西，应用到工作中去，学习他们的事迹，鼓舞斗志，加强生产。学历史，不是向后看，而是为了向前看；不是为了过去，而是为了今天、明天。

辑四

梧轩杂记

本辑七篇文章，均发表于《清华周刊》1934年4月16日第41卷第3、4期（合刊），署名辰伯。

昆仑山与玉

在中国古代人的地理观念中，昆仑山是一个代表极西边徼的名词，不必实有其地。本来昆仑的原意也只是高大和黑的意思。

于阗产玉，并且和中原交通极早，因地处西徼，故也被包入此，发生了永远联系的关系。

《淮南子·墬形训》：“西北方之美者，有昆仑之球琳琅玕焉。”文兴《尔雅》：“西北之美者，有昆仑虚之璆琳琅玕焉。”同，璆琳琅玕均玉之异名，其特性《淮南子》又记：“昆山之玉瑱而尘垢弗能污也。”大概即后人所谓“羊脂白玉”。

《焦氏易林》剥之第二十三益言求玉于昆仑：“杨花不时，冬实生险，忧多横贼，生不能服，昆仑之玉，取求必得。”

《管子·轻重甲》则记西国朝聘以玉为币：

禺氏［禺氏，古代西北的一个少数民族，可能是大月氏（月氏）］不朝，请以白璧为币乎？昆仑之虚不朝，请以璆琳、琅玕为币乎？……怀而不见于抱，挟而不见于腋，而辟千金者，白璧也，然后八千里之禺氏可得而朝也。簪珥而辟千金者，璆琳、琅玕也，然后八千里之昆仑之虚可得而朝也。

《尸子》则记中原求玉之难：

玉者色不如雪，泽不及雨，润不如膏，光不如烛，取玉甚难，越三江五湖至昆仑之山，千人往，百人返，百人往，十人至，中国覆十万之师，解三千之围……

《搜神记》记昆仑玉盂：

吴王夫差小女，名曰紫玉，年十八，才貌俱美。童子韩重，年十九，有道术。女悦之，私交信问，许为之妻。重学于齐、鲁之间，临去，属其父母使求婚。王怒，不与。女玉结气死，葬阊门之外……重至冢前哭祭，女见形将重入冢，临去取昆仑玉盂以送重。

《世说新语》则云：

夜光之珠，不必出于孟津之河，盈握之璧，不必采于昆仑之山。

西王母之眷属

在中国历代文人作品中占极要位置的西王母，不但是被编派为野兽，为瘟神，为酋长，为国王，为仙人，为女仙，为女仙领袖，和有名人王发生关系，并且有丈夫，《神仙感遇传》记：

> 又赠一篇曰：“葛洪也有妇，王母也有夫，神仙尽灵匹，君子意何如？”

有二十个以上的女儿，第四女为南极王夫人，《三洞群仙录》：

> 南极王夫人王母第四女也，号紫元夫人，着锦帔青羽裙，汉平帝时常降于阳洛山石室中。

第十三女名王媚兰，真诰云：

王媚兰阿母第十三女，为云林夫人。

第二十女为紫薇夫人，《西华仙箓》云：

紫薇夫人名青娥，王母第二十女也，昔降宝神，经与清灵裴真人行之得道，晋哀帝兴宁三年乙丑六月与九华安妃二十三真人十五女仙降句曲，授道于真人杨羲。

次序不明的有太真夫人，《抱朴子》记：

太真乃西王母之女也，与东岳夫人往来于岱山，重岩深隐，人所不到，去地千余丈，中有玉几金宝之物，每弹一弦之琴，则百鸟翔集，鼓舞而至。

有云林夫人，《太平御览》卷六七四引南真说：

西王母女媚兰，字申林，治沧浪山，受书为云林夫人。

有右英紫薇夫人，《集仙录》记：

紫薇元灵白玉龟台九灵太真元君即西王母，右英紫薇夫人之母也。

此或即《西华仙箓》所记——紫薇夫人。

儿子不详，但据《焦氏易林》小畜之第九大有“金牙铁齿，西王母子，无有患殃，扶舍涉道，到来不久”。（大有之第十四蹇略同）所说，则绝不致无后。

西王母与符箓祝诅

一个故事的衍变程序并不如一件实际事物的经程那样单纯，中间一定黏附上若干不相干的杂烩，愈积愈多。故事形成的方式也不一律，有若干类似的故事汇总成一的，有由一个故事分衍成若干不同的故事的，西王母的故事则介于这两个方式之间。

西王母到中世纪道家符箓炼丹房中诸派起来后，也被指定成一箭垛，各家都拿去做招牌，替她编了许多经典。道藏中所收的有《西王母反胎按摩玉经》《西王母叙诀》《洞真西王母宝神起居经》《西王母宝生无死玉经》。《广黄帝本行记》“修行道德”条说西王母秘有金箓灵符、登真隐诀，“太极真人诵王母之词”。《上元宝经》记第司命天君令小弟保命君服王母四童散，《龟山元箓》记王母有飞元紫文，《神州七转七变经》言：“西龙蒙汜之滨紫薇玉堂西王母请诰素灵章之处也。”《五符经》《三皇经》《内音玉子经》也都涉及王母，《抱朴子·杂应》言西王母有兵信之符，《黄帝内传》说王母授黄帝二仪本形图和还丹。

宋沈括《梦溪笔谈》记王母咒极诡：

予在中书检正时，阅雷州奏牍，有人为乡民诅死，问其状，乡民能以熟食咒之，俄顷，脍炙之类，悉复为完肉。又咒之，则熟肉复为生肉。又咒之，则生肉能动，复使之能活，牛者复为牛，羊者复为羊，但小耳。更咒之，则渐大。既而复咒之，则还为熟食。人有食其肉，觉腹中淫淫而动，必以金帛求解，金帛不至，则腹裂而死，所食牛羊，自裂中出。狱具案上，观其咒语，但曰“东方王母桃，西方王母桃”两句而已，其他但道其所欲，更无他术。

道教灵验《西王母塑像救疾验》则侈言神异：

玉局化西王母塑像多年，顷因观宇烧焚，廊屋颓坏，而仪像不损，人称其灵。居人范彦通忽患风癞，疮痍既甚，眉须渐落，因入观于王母前发愿，但所疾较损，即竭力修装。是夕，梦一玉女，手执花盘，以衣袖拂其身，曰：“王母令我救汝，疾即愈矣。”数日之间，所疾渐退，疮肿皆息，眉须复生。遂造纱窗，装金彩，通檐两楹，严洁修奉，每月自送香灯，近年方稍不见。

空城计

今京剧中有《空城计》，演诸葛亮事。明名将马芳亦有此故事，《明史》卷二一一本传云：

> ［嘉靖］四十五年七月，辛爱以十万骑入西路，芳迎之马莲堡，堡圮，众请塞之，不可。请登台，亦不可。开堡四门，偃旗鼓，寂若无人。比暮，野烧烛天，嚣呼达旦。芳卧，日中不起，敌骑窥者相属，莫测所为。明日，芳蹶然起，乘城，指示众曰："彼军多反顾，且走。"勒兵追击，大破之。

照

中文用字，往往依据习惯，究亦不知其义。隆庆中有御史误用“照”字得罪，极可笑。《明史·詹仰庇传》云：隆庆二年（1568）御史詹仰庇上疏请节约，疏文有“再照人主奢俭，四方系安危”语。故事，诸司文移往还，及牧民官出教，用“照”字，言官上书无此体。宦官因指“再照人主”语，为大不敬。帝怒，下诏曰：“仰庇小臣，敢照及天子，且狂肆屡不悛。”遂廷杖百，除名。

碧云寺魏忠贤墓

碧云寺似与宦者有特别因缘，王世贞曾记正德中宦者于经事，《明史》卷二四五《万燝传》：

> 间过香山碧云寺，见忠贤自营坟墓，其规制弘敞，拟于陵寝。前列生祠，又前建佛宇，璇题耀日，珠网悬星，费金钱几百万。

《鲒埼亭集外编》卷三四《书祈门张侍御请毁逆奄墓疏后》：

> （魏忠贤诛）西山之碧云寺尚有逆奄生前所造冢，穹碑屹立，乃昆山南乐两相撰文，入国朝犹无恙。相传寺僧拱护甚力，游人过往，多以秽物掷其碑，寺僧伺其退，辄洗濯之。……康熙辛巳张静斋侍御疏请毁之，得旨允行。

王江与蔡锷

项城柄国时，松坡以奇计得脱，南奔起义，其事极诡，夷考之，亦有所本。明末浙东偾事，王翊、王江并明塞四明山中，为海上声援，翊主兵，江主饷，号东西王。庚寅清兵决计下舟山，先廓清山寨以绝援，翊避入海，江亦走，大帅劫江母以招之，江乃尽剃其发，以浮屠服至杭，时大帅方议劳来故国遗臣，得公喜甚，甚为饯帐为幕府，而防闲之。未几太夫人以天年终，江忽买一妾，昵之甚，于是夫人晨夕勃豀诟谇，江乃控之吏而出之，夫人亦攘臂登车，历数公隐微之过而去，邻人骇焉。一日，公游湖上，防守者以其妾在，不疑，而公竟不知所往，乃知向者特以术脱其妾也。江既脱，携其夫人复入海，朝监国于金门，乙未沈调伦者复起四明山中，来迎公，乃赴之，浙东大帅急攻，中流矢卒。

同时李长祥散兵隐山中，江都郎廷佐于浙中物色得之，亦盛以礼致焉，居之白下，其实羁之也。李亦买一姬，朝夕酣歌恒舞，穷尽荒乐。郎公稍稍薄之，谓其怀于此土，谅无他矣，一夕行遁，大索卒不可得。

《鲒埼亭集外编》卷五《东王公神道阙铭》

辑五

章奏题本及其他

本辑六篇文章，均发表于1939年9月19日《中央日报》第四版《史学》副刊第四十九期，署名吴晗。

章奏题本

明叶盛《水东日记》卷一〇：

国朝之制，臣民奏事称奏本。后以奏本用长纸，字画必依洪武正韵。又用计字数于后，舍郑重而从简便，改用题本则不然矣。然题本多在内衙门公事，若在外并自陈己事，则仍用奏本。东驾则称启本。宣庙每呼本为株子，尝见传旨中云然。

沈德符《野获编》卷二〇：

今本章名色，为公事则曰题本，为他事则曰奏本。收本之处，在内则曰会极门，在外则曰通政司。凡投通政者不尽得上闻。其或事体窒碍，或情节矫诬者，一切驳回，但存案备照。……前此正德朝逆瑾时，则有白红二本……盖以纸色分别。……世宗晚年，西宫奉道，凡内外朝臣封事，直达大内者，名为前朝本，他方士辈进药饵进秘法，以及斋醮诸鄙亵事，皆不复经由士人之手，竟由宦寺宫人传至御前，以其西苑出入，名为后朝本，此直至隆庆初年始绝云。

《明史》卷三〇七《陶仲文传》亦记前后朝事：

世宗朝，奏章有前朝、后朝之说。前朝所奏者，诸司章奏也；他方士杂流有所陈请，则从后朝入。前朝官不与闻，故无人摘发。

刘瑾时进瑾者为红本，中叶后则以经御笔批为红本，以别于留中不发者。（见《野获编》）清刘继庄《广阳杂记》卷一：

俗以章疏为本，不知始于何时，古未有此。今时章疏，有题本，有奏本。凡奉部文成例而行者，谓之题本，有私意启请者，曰奏本，体例各有不同也。

红本例发科钞传录本。明杨嗣昌《杨文弱先生集》卷三一，崇祯十二年（1639）二月二十二日上《乞查红本发给科抄疏》：

> 臣部章奏向来奉有明旨，兵科一面抄传，仍具录本存案，为垂信将来计也。顷自边峰内讧，凡关密切军机，皆蒙御前封发臣部，该科不尽闻知，直待臣部奏行已完，具本缴进，或者仍发该科，间亦重将旨意抄送臣部，而时日先后，件数之有无，不免纷然错乱，无复次第矣。臣恐该科录本先后有无，亦复如此，无以垂信将来所关匪细。……今边烽遁矣，臣部奏牍当自刊行，而御前红本，未知曾否发科，旨意繁多，应敕钞传录案。

蓝红本上有朱批，军国要务之付施行者，概具有时日，为异世国史之所取材，故明人慎其事如此。

揭帖

沈德符《野获编》卷七：

中外大小臣工上封事，外有通政司，内则会极门，俱有号簿。惟内阁独得进密揭。盖心膂近臣，非百司得比。近日言路，遂指以为奸薮，欲尽行停格。不知转移圣意，全恃此一线，外廷千言，不如禁密竹语。且司礼诸大榼，亦得借相公为重，以挽回于内，又非廷臣交结近侍者可同日语。以故向来重谴言官，往往内阁密揭，得此从轻处。自言路此言入，而上意亦不疑，至密揭亦多不报，揆地遂束手无策，付之浩叹而已。

陈继儒《眉公见闻录》卷六：

累朝以来，阁中凡有密奏及奉谕登答者，皆称为揭帖。其制视诸司题式差狭而短，字如指大，以文渊阁印缄封进御，左右近侍莫能窥也。诸凡军国要机，朝廷大政，上意之所欲出而事理未安，政体之所宜行而睿衷未发，诸司待命而未报，言官力诤而难回者，阁臣为之从中调剂，就事匡维，其妙用全在一揭。然揭亦不敢数数轻进，每进揭，主上辄动色，谓左右云，阁下揭帖至矣，其重如此。自江陵（张居正）之后，建言者多，朝廷厌其激聒，疑其挟制，时处一二人，而阁臣务欲暴白心迹。不论是非，辄上揭申救，而主上亦以为套。不复省矣。以致谏臣之疏，与阁臣之揭，日轻一日，可叹也。

科道侍从上疏题本，例亦得致揭帖（副本）于内阁及有关衙署，《星变志》记吴中行事可证：“万历丁丑十月十八日，吴中行谏夺情疏首上，即过江陵（张居正）所投揭帖入，久之传语曰：这本不要上。编修曰：业已上。传语曰：既上复何言，回家候旨耳。复过王学士马宗伯各投一揭帖，学士院长，宗伯馆师也。”高拱《病榻遗言》记：“御史张集独本弹劾曹大埜倾陷辅臣……本虽未发，而其揭帖已流传，各衙门皆知其说矣。”吴谏江陵夺情，即以揭帖亲交江陵及其院长馆师张集劾曹大埜，红本尚未发科，其揭帖已盛传都下。高氏又记：“隆庆六年六月口日，又有十三道御史刘良弼等公本劾（冯）保，缘科本皆具揭内阁，而道本未具揭，故不录。”帖格格式如下例：“隆庆六年六月口日，吏科都给事中雒遵等为……（事由），除具题外，理合具帖，须至揭帖者。”

帖黄

帖黄有三意，截然不同。其一为明代兵部选官底簿，明陆容《菽园杂记》卷一〇云：

> 兵部选官后，武选司官必于内府帖黄，所帖有内黄、外黄，旧官、新官各有黄簿。每官一员，名下注写功升世次，会同尚宝监、尚宝司、兵科官于奉天门，请用御宝钤记。外黄印绶监收掌，内黄送内库铜柜中收贮。后遇袭替，官选簿迷失者，与赴内府查外黄。外黄可验则已，如或不明，查内黄。其慎重如此。

《明史》卷一九八《彭泽传》：“嘉靖元年，泽言天下军官，部皆有帖黄籍，用以黜陟，锦衣独无，于是置籍如诸卫。”其二为臣工刑名题本之提要，清赵瓯北《陔余丛考》卷二七：

今刑部本及督抚题刑名本，例有帖黄，以篇幅繁多，节其略别为一幅，贴于本后，所以便观览也。王敬哉（崇简）《冬夜笺记》谓，明崇祯中，辅臣李国樎奏仿古人撮黄之法，以定此式，遂沿至今。顾宁人（炎武）亦谓，崇祯元年三月，令上疏者自撮疏中大要，不过百字，附疏尾。

按刑名题本帖黄，实宋制。宋李心传《建炎以来朝野杂记》乙集卷一四“岳少保诬证断案”条记岳忠武狱云当时行遗省札勘状后附“小帖子据帖黄称契勘云云”又“小帖子称契勘云云”又“小帖子称看详云云”，或称小帖子，或并称小帖子帖黄。是也。钱王顾诸公均偶失考耳。其三为臣工题奏之另件或补白，如题本札子述某事，于本文完后又另条述他事，亦谓之帖黄，宋人常用此言事，东坡集中此例甚多，不备引矣。

塘报

霍与瑕《霍勉斋集》卷一七：“塘报者本兵（兵部尚书）所委夜不收日行二三百里，专走报边情者也。每以草纸报译语。”塘报例付抄传，明陈新甲家僮误以明金媾和之密使所报语为塘报，付抄传，新甲致撄极刑，《明史》卷二五七《陈新甲传》：

> 帝（思宗）既以和议委新甲，手诏往返者数十，皆戒以勿泄。外廷渐知之，故屡疏争，然不得左验。一日，所遣职方郎马绍愉以密语报，新甲视之置几上。其家僮误以为塘报也，付之抄传，于是言路哗然。

邸报

明代史料以邸报为最重要。凡发钞之红本塘报，官吏之进退，以及刑赏大政，均见于邸报。崇祯以前仅有写本，至崇祯十一年（1638）始有活版印刷。盖当时无报纸，无论外官远人，即都中人亦仅恃邸报以知国家政事之措施，边防之缓急也。顾亭林最为推重，《顾亭林文集》卷四《与次耕书》："自庚申至戊辰，邸报皆曾寓目，与后来刻本记载之书殊不相同。今之修史，大致当以邸报为主，两造异同之论，一切存之，无轻删抹，而微其论断之词，以待后之论定，斯得之矣。割补两朝从信录，不过邸报之二三。"又《与公肃甥书》云："昔时邸报至崇祯十一年方有活板。自此之前，并是写本。而中秘所收，乃出涿州（冯铨）之献，岂无意为增损者乎？"

架阁库

架阁库，今档案库也。凡六部诸司及地方各衙署之成案，均藏于架阁库。特设官掌之，一以备稽考，一以供国史取材，为制最善。此制肇始于宋仁宗朝（1023—1063），历元明迄清勿改。至民国而不复讲求，清代档案之幸存者大率弃置如土壤，货之故纸商为还魂纸，致民国以来之成案，则更未闻有专司保管，异日修史，更不知其何所取材也。九年前在北平清华大学读书时，历史学系初设档案库，年以巨金从故纸商收买破旧档案，于尘埃故纸中搜片纸只字，缺者完之，离者合之，同者类之，辨衙署，别年月，分事目，制标匣，凡五年而得故清政府之兵部、陆军部、户部、镶红旗、练兵处等衙署及各镇等档案百余万件，梳摘董理，故清后六十年之史事差有所据。至故都沦陷，学校南迁，此珍贵之史料遂又全部丧失。予于此役实始终其事。初拟为架阁库考，叙其规制源流及与历朝修史之关系，以故勿克就。所纂史料也随丧失。今就记忆所及关于架阁库者数条录后，清梁章钜《浪迹三谈》卷三：

> 今中外官廨，皆有架阁库之名，人多不考其始末，按（宋吴曾）《能改斋漫录》载仁宗朝周湛为江西转运使，以江西民喜讼，多窃去案牍，而州县不能制。湛为立千文架阁法，以数月为次，严其遗失之罪。朝廷颁诸路为法。此今各衙门设架阁库之缘起乎？

宋李心传《建炎以来朝野杂记》乙集卷一五“六部架阁官”条记：

> 六部架阁官者崇宁间始置，迄宣和再置再省。绍兴三年立六部架阁库。十五年复置官四人，旧制成案留部二年，然后界而藏之。又八年则委之金耀门文书库。今金耀门无复曩司，则悉藏之架阁矣。主管官号掌故，择选有时望之人为之，例为编删学官之选。

嘉定七年（1214）又置三省枢密院架阁官。《明太祖实录》卷二一〇：

洪武二十四年八月甲子，置天下诸司架阁库，以庋案牍，仍设吏掌之。

国家新闻出版广电总局
首届向全国推荐中华优秀传统文化普及图书

大家小书书目

国学救亡讲演录	章太炎　著　蒙　木　编
门外文谈	鲁　迅　著
经典常谈	朱自清　著
语言与文化	罗常培　著
习坎庸言校正	罗　庸　著　杜志勇　校注
鸭池十讲（增订本）	罗　庸　著　杜志勇　编订
古代汉语常识	王　力　著
国学概论新编	谭正璧　编著
文言尺牍入门	谭正璧　著
日用交谊尺牍	谭正璧　著
敦煌学概论	姜亮夫　著
训诂简论	陆宗达　著
金石丛话	施蛰存　著
常识	周有光　著　叶　芳　编
文言津逮	张中行　著
经学常谈	屈守元　著
国学讲演录	程应镠　著
英语学习	李赋宁　著
中国字典史略	刘叶秋　著
语文修养	刘叶秋　著
笔祸史谈丛	黄　裳　著
古典目录学浅说	来新夏　著
闲谈写对联	白化文　著
汉字知识	郭锡良　著
怎样使用标点符号（增订本）	苏培成　著
汉字构型学讲座	王　宁　著

诗境浅说	俞陛云　著
唐五代词境浅说	俞陛云　著
北宋词境浅说	俞陛云　著
南宋词境浅说	俞陛云　著
人间词话新注	王国维　著　滕咸惠　校注
苏辛词说	顾　随　著　陈　均　校
诗论	朱光潜　著
唐五代两宋词史稿	郑振铎　著
唐诗杂论	闻一多　著
诗词格律概要	王　力　著
唐宋词欣赏	夏承焘　著
槐屋古诗说	俞平伯　著
词学十讲	龙榆生　著
词曲概论	龙榆生　著
唐宋词格律	龙榆生　著
楚辞讲录	姜亮夫　著
读词偶记	詹安泰　著
中国古典诗歌讲稿	浦江清　著 浦汉明　彭书麟　整理
唐人绝句启蒙	李霁野　著
唐宋词启蒙	李霁野　著
唐诗研究	胡云翼　著
风诗心赏	萧涤非　著　萧光乾　萧海川　编
人民诗人杜甫	萧涤非　著　萧光乾　萧海川　编
唐宋词概说	吴世昌　著
宋词赏析	沈祖棻　著
唐人七绝诗浅释	沈祖棻　著
道教徒的诗人李白及其痛苦	李长之　著
英美现代诗谈	王佐良　著　董伯韬　编
闲坐说诗经	金性尧　著
陶渊明批评	萧望卿　著

古典诗文述略	吴小如 著
诗的魅力 ——郑敏谈外国诗歌	郑 敏 著
新诗与传统	郑 敏 著
一诗一世界	邵燕祥 著
舒芜说诗	舒 芜 著
名篇词例选说	叶嘉莹 著
汉魏六朝诗简说	王运熙 著 董伯韬 编
唐诗纵横谈	周勋初 著
楚辞讲座	汤炳正 著 汤序波 汤文瑞 整理
好诗不厌百回读	袁行霈 著
山水有清音 ——古代山水田园诗鉴要	葛晓音 著
红楼梦考证	胡 适 著
《水浒传》考证	胡 适 著
《水浒传》与中国社会	萨孟武 著
《西游记》与中国古代政治	萨孟武 著
《红楼梦》与中国旧家庭	萨孟武 著
《金瓶梅》人物	孟 超 著 张光宇 绘
水泊梁山英雄谱	孟 超 著 张光宇 绘
水浒五论	聂绀弩 著
《三国演义》试论	董每戡 著
《红楼梦》的艺术生命	吴组缃 著 刘勇强 编
《红楼梦》探源	吴世昌 著
《西游记》漫话	林 庚 著
史诗《红楼梦》	何其芳 著 王叔晖 图 蒙 木 编
细说红楼	周绍良 著
红楼小讲	周汝昌 著 周伦玲 整理

曹雪芹的故事	周汝昌 著 周伦玲 整理
古典小说漫稿	吴小如 著
三生石上旧精魂 ——中国古代小说与宗教	白化文 著
《金瓶梅》十二讲	宁宗一 著
中国古典小说名作十五讲	宁宗一 著
古体小说论要	程毅中 著
近体小说论要	程毅中 著
《聊斋志异》面面观	马振方 著
《儒林外史》简说	何满子 著
我的杂学	周作人 著 张丽华 编
写作常谈	叶圣陶 著
中国骈文概论	瞿兑之 著
谈修养	朱光潜 著
给青年的十二封信	朱光潜 著
论雅俗共赏	朱自清 著
文学概论讲义	老 舍 著
中国文学史导论	罗 庸 著 杜志勇 辑校
给少男少女	李霁野 著
古典文学略述	王季思 著 王兆凯 编
古典戏曲略说	王季思 著 王兆凯 编
鲁迅批判	李长之 著
唐代进士行卷与文学	程千帆 著
说八股	启 功 张中行 金克木 著
译余偶拾	杨宪益 著
文学漫识	杨宪益 著
三国谈心录	金性尧 著
夜阑话韩柳	金性尧 著
漫谈西方文学	李赋宁 著
历代笔记概述	刘叶秋 著

周作人概观	舒　芜　著
古代文学入门	王运熙　著　董伯韬　编
有琴一张	资中筠　著
中国文化与世界文化	乐黛云　著
新文学小讲	严家炎　著
回归，还是出发	高尔泰　著
文学的阅读	洪子诚　著
中国文学1949—1989	洪子诚　著
鲁迅作品细读	钱理群　著
中国戏曲	么书仪　著
元曲十题	么书仪　著
唐宋八大家——古代散文的典范	葛晓音　选译
辛亥革命亲历记	吴玉章　著
中国历史讲话	熊十力　著
中国史学入门	顾颉刚　著　何启君　整理
秦汉的方士与儒生	顾颉刚　著
三国史话	吕思勉　著
史学要论	李大钊　著
中国近代史	蒋廷黻　著
民族与古代中国史	傅斯年　著
五谷史话	万国鼎　著　徐定懿　编
民族文话	郑振铎　著
史料与史学	翦伯赞　著
秦汉史九讲	翦伯赞　著
唐代社会概略	黄现璠　著
清史简述	郑天挺　著
两汉社会生活概述	谢国桢　著
中国文化与中国的兵	雷海宗　著
元史讲座	韩儒林　著

魏晋南北朝史稿	贺昌群　著
汉唐精神	贺昌群　著
海上丝路与文化交流	常任侠　著
中国史纲	张荫麟　著
两宋史纲	张荫麟　著
北宋政治改革家王安石	邓广铭　著
从紫禁城到故宫 ——营建、艺术、史事	单士元　著
春秋史	童书业　著
明史简述	吴　晗　著
朱元璋传	吴　晗　著
明朝开国史	吴　晗　著
旧史新谈	吴　晗　著　习　之　编
史学遗产六讲	白寿彝　著
先秦思想讲话	杨向奎　著
司马迁之人格与风格	李长之　著
历史人物	郭沫若　著
屈原研究（增订本）	郭沫若　著
考古寻根记	苏秉琦　著
舆地勾稽六十年	谭其骧　著
魏晋南北朝隋唐史	唐长孺　著
秦汉史略	何兹全　著
魏晋南北朝史略	何兹全　著
司马迁	季镇淮　著
唐王朝的崛起与兴盛	汪　篯　著
南北朝史话	程应镠　著
二千年间	胡　绳　著
论三国人物	方诗铭　著
辽代史话	陈　述　著
考古发现与中西文化交流	宿　白　著
清史三百年	戴　逸　著

清史寻踪	戴　逸　著
走出中国近代史	章开沅　著
中国古代政治文明讲略	张传玺　著
艺术、神话与祭祀	张光直　著
	刘　静　乌鲁木加甫　译
中国古代衣食住行	许嘉璐　著
辽夏金元小史	邱树森　著
中国古代史学十讲	瞿林东　著
历代官制概述	瞿宣颖　著
宾虹论画	黄宾虹　著
中国绘画史	陈师曾　著
和青年朋友谈书法	沈尹默　著
中国画法研究	吕凤子　著
桥梁史话	茅以升　著
中国戏剧史讲座	周贻白　著
中国戏剧简史	董每戡　著
西洋戏剧简史	董每戡　著
俞平伯说昆曲	俞平伯　著　陈　均　编
新建筑与流派	童　寯　著
论园	童　寯　著
拙匠随笔	梁思成　著　林　洙　编
中国建筑艺术	梁思成　著　林　洙　编
沈从文讲文物	沈从文　著　王　风　编
中国画的艺术	徐悲鸿　著　马小起　编
中国绘画史纲	傅抱石　著
龙坡谈艺	台静农　著
中国舞蹈史话	常任侠　著
中国美术史谈	常任侠　著
说书与戏曲	金受申　著
世界美术名作二十讲	傅　雷　著

中国画论体系及其批评	李长之　著
金石书画漫谈	启　功　著　赵仁珪　编
吞山怀谷 ——中国山水园林艺术	汪菊渊　著
故宫探微	朱家溍　著
中国古代音乐与舞蹈	阴法鲁　著　刘玉才　编
梓翁说园	陈从周　著
旧戏新谈	黄　裳　著
民间年画十讲	王树村　著　姜彦文　编
民间美术与民俗	王树村　著　姜彦文　编
长城史话	罗哲文　著
天工人巧 ——中国古园林六讲	罗哲文　著
现代建筑奠基人	罗小未　著
世界桥梁趣谈	唐寰澄　著
如何欣赏一座桥	唐寰澄　著
桥梁的故事	唐寰澄　著
园林的意境	周维权　著
万方安和 ——皇家园林的故事	周维权　著
乡土漫谈	陈志华　著
现代建筑的故事	吴焕加　著
中国古代建筑概说	傅熹年　著
简易哲学纲要	蔡元培　著
大学教育	蔡元培　著 北大元培学院　编
老子、孔子、墨子及其学派	梁启超　著
春秋战国思想史话	嵇文甫　著
晚明思想史论	嵇文甫　著
新人生论	冯友兰　著

中国哲学与未来世界哲学	冯友兰　著
谈美	朱光潜　著
谈美书简	朱光潜　著
中国古代心理学思想	潘　菽　著
新人生观	罗家伦　著
佛教基本知识	周叔迦　著
儒学述要	罗　庸　著　杜志勇　辑校
老子其人其书及其学派	詹剑峰　著
周易简要	李镜池　著　李铭建　编
希腊漫话	罗念生　著
佛教常识答问	赵朴初　著
维也纳学派哲学	洪　谦　著
大一统与儒家思想	杨向奎　著
孔子的故事	李长之　著
西洋哲学史	李长之　著
哲学讲话	艾思奇　著
中国文化六讲	何兹全　著
墨子与墨家	任继愈　著
中华慧命续千年	萧萐父　著
儒学十讲	汤一介　著
汉化佛教与佛寺	白化文　著
传统文化六讲	金开诚　著　金舒年　徐令缘　编
美是自由的象征	高尔泰　著
艺术的觉醒	高尔泰　著
中华文化片论	冯天瑜　著
儒者的智慧	郭齐勇　著

中国政治思想史	吕思勉　著
市政制度	张慰慈　著
政治学大纲	张慰慈　著
民俗与迷信	江绍原　著　陈泳超　整理

政治的学问	钱端升　著	钱元强　编
从古典经济学派到马克思	陈岱孙　著	
乡土中国	费孝通　著	
社会调查自白	费孝通　著	
怎样做好律师	张思之　著	孙国栋　编
中西之交	陈乐民　著	
律师与法治	江　平　著	孙国栋　编
中华法文化史镜鉴	张晋藩　著	
新闻艺术（增订本）	徐铸成　著	
经济学常识	吴敬琏　著	马国川　编
中国化学史稿	张子高　编著	
中国机械工程发明史	刘仙洲　著	
天道与人文	竺可桢　著	施爱东　编
中国医学史略	范行准　著	
优选法与统筹法平话	华罗庚　著	
数学知识竞赛五讲	华罗庚　著	
中国历史上的科学发明（插图本）	钱伟长　著	

出版说明

“大家小书”多是一代大家的经典著作，在还属于手抄的著述年代里，每个字都是经过作者精琢细磨之后所拣选的。为尊重作者写作习惯和遣词风格、尊重语言文字自身发展流变的规律，为读者提供一个可靠的版本，“大家小书”对于已经经典化的作品不进行现代汉语的规范化处理。

提请读者特别注意。

北京出版社